权威·前沿·原创

皮书系列为
"十二五""十三五"国家重点图书出版规划项目

石油蓝皮书

BLUE BOOK OF
PETROLEUM

中国石油产业发展报告
（2018）

ANNUAL REPORT ON CHINA'S PETROLEUM
INDUSTRY DEVELOPMENT (2018)

中国石油化工集团公司经济技术研究院
编／中国国际石油化工联合有限责任公司
中国社会科学院数量经济与技术经济研究所

社会科学文献出版社
SOCIAL SCIENCES ACADEMIC PRESS (CHINA)

图书在版编目（CIP）数据

中国石油产业发展报告. 2018 / 中国石油化工集团
公司经济技术研究院，中国国际石油化工联合有限责任公
司，中国社会科学院数量经济与技术经济研究所编. ——
北京：社会科学文献出版社，2018.2（2018.3 重印）
（石油蓝皮书）
ISBN 978 - 7 - 5201 - 2249 - 8

Ⅰ.①中… Ⅱ.①中… ②中… ③中… Ⅲ.①石油工
业 - 经济发展 - 研究报告 - 中国 - 2018 Ⅳ.①F426.22

中国版本图书馆 CIP 数据核字（2018）第 023515 号

石油蓝皮书
中国石油产业发展报告（2018）

中国石油化工集团公司经济技术研究院
编　　者／中国国际石油化工联合有限责任公司
中国社会科学院数量经济与技术经济研究所

出 版 人／谢寿光
项目统筹／周　丽　王楠楠
责任编辑／王楠楠

出　　版／社会科学文献出版社·经济与管理分社（010）59367226
地址：北京市北三环中路甲 29 号院华龙大厦　邮编：100029
网址：www.ssap.com.cn
发　　行／市场营销中心（010）59367081　59367018
印　　装／北京季蜂印刷有限公司

规　　格／开　本：787mm × 1092mm　1/16
印　张：18.5　字　数：210 千字
版　　次／2018 年 2 月第 1 版　2018 年 3 月第 2 次印刷
书　　号／ISBN 978 - 7 - 5201 - 2249 - 8
定　　价／98.00 元

皮书序列号／PSN B - 2018 - 690 - 1/1

本书如有印装质量问题，请与读者服务中心（010 - 59367028）联系

《中国石油产业发展报告（2018）》
编 委 会

主编单位简介

中国石油化工集团公司经济技术研究院

中国石油化工集团公司经济技术研究院（Economics & Development Research Institute，Sinopec，EDRI）是中国石油化工集团公司于1999年设立的软科学研究机构，与1985年成立的中国石化咨询公司合署办公。其前身是成立于1971年的"燃料化学工业部石油化工设计院"。

经济技术研究院自成立以来，以发展战略研究为主线，持续开展中国石化五年计划以及三年滚动发展计划编制的支撑性研究工作，开展区域发展规划和企业发展规划研究；持续开展宏观经济与产业发展趋势，以及世界贸易政策、主要国家能源政策、国家宏观调控政策、石油石化产业及其相关产业政策研究；持续开展国际原油价格预测，以及中长期石油石化产品供需、价格、目标市场及区域市场等分析研究，为中国的石油石化产业发展服务；开展中国石化与国外大公司的对标研究，以及中国石化业务板块对标体系研究；持续开展中国石化全面风险管理、特色管理模式、标准化管理以及社会责任管理研究；持续开展投资项目评估和后评价研究，每年完成项目评估和后评价涉及投资数千亿元，为实现中国的石油石化行业可持续发展提供科学决策支持；持续开展地缘政治、石油石化技术动向等信息研究，为中国石化及时应对环境变化提供各类科技和经济信息服务。

经济技术研究院以科学发展观为指导，以建设世界一流能源与化工智库为目标，坚持科学、创新的精神，秉承公正、审慎的理念，求真务实，争创一流，为中国石化建成世界一流能源化工公司提供智力支撑，为中国能源与化工行业的科学有效发展提供服务。

中国国际石油化工联合有限责任公司

中国国际石油化工联合有限责任公司（简称联合石化）成立于1993年2月，注册资本金30亿元。公司主营业务包括原油贸易、成品油贸易、LNG贸易及仓储物流等。截至目前，公司已与全球90多个国家（地区）的1433家交易对手建立了长期合作关系。经过多年的发展，联合石化已发展成为具有较强国际竞争力的石油贸易公司，是世界最大的石油贸易公司之一。

公司设有15个部室、6个境外机构、3个口岸分公司、1个国内全资子公司及1个国内合资公司（中海油中石化联合国际贸易有限责任公司，占股比40%）。6个境外分支机构分别为亚洲有限公司（香港）、英国有限公司（伦敦）、新加坡有限公司、美洲有限公司（休斯敦）、在香港上市的中石化冠德控股有限公司、印度办事处（孟买）。3个口岸分公司分别位于浙江宁波、山东青岛及内蒙古二连浩特。

2017年，联合石化完成经营总量3.89亿吨，实现贸易额1380

亿美元。其中，原油经营量 3.39 亿吨，成品油经营量 4110 万吨，LNG 经营量 845 万吨。

中国社会科学院数量经济与技术经济研究所

中国社会科学院数量经济与技术经济研究所（简称数技经所）是中国社会科学院经济学部八个经济类研究所之一，也是国内唯一一家集数量经济与技术经济理论方法和应用研究为一体的综合性国家级研究机构。研究所在经济模型、资源与能源、环境与旅游规划、技术进步与生产率研究、信息化等方面有很强的研究力量，是社科院作为国家思想库、智囊团的重要组成部分，承担了大量来自中央和地方政府、企业、国际组织的研究任务，在国内外有重要的学术影响。

数技经所在能源经济学理论与政策、低碳与循环经济、环境影响评价、区域经济、产业研究等方面有深厚的研究基础。数技经所设有国土资源技术经济研究室与环境经济研究室，并代管中国循环经济与环境评估预测研究中心和环境与发展研究中心，参与过三峡工程等多项重大能源项目的论证，参与国家多项有关政策、规划的起草工作，以及大量的地方政府和企业发展规划的制定。

自 2012 年起，中国社会科学院数量经济与技术经济研究所联合美国全球安全分析研究所、美国能源安全理事会共同发起"全球能源安全智库论坛"，每年举办一次，至今已成功举办六届。论坛宗旨为推动全球智库在能源安全方面的研究与学术交流，传播可持续发展的理念，促进全球能源安全合作与政策协调。数技经所负责论坛的组织工作。

摘　要

2018 年，中国将迎来改革开放 40 周年。40 年来，我国经济建设取得了举世瞩目的成就，成为继美国之后的全球第二大经济体，基本完成了工业化与城镇化，成为新的世界消费重心，并通过实施对外开放战略与"一带一路"倡议等，国际地位不断提高。从能源产业发展看，中国成为全球最大的一次能源消费国，能源消费结构不断优化。2017 年，中国超越美国成为全球最大的原油进口国，引领全球原油贸易加速东移。结合国内炼化产业布局来看，2020 年前后我国将迎来新一轮炼能集中投产期，预计原油进口仍将保持较快增长，成品油出口也将呈现规模化、基地化和运输工具大型化的特点。

从石油市场来看，全球石油格局仍在深刻调整中。本轮油价下跌以来，2017 年是全球石油市场真正开启再平衡的第一年，石油库存开始下降，但仍未达到过去五年均值。2018 年，全球石油市场总体紧平衡，与此同时，地缘政治动荡局势加剧，宏观经济面临的不确定性增强，使得石油市场形势更加复杂化。初步预计，2018 年 Brent 油价多数时间在 55～70 美元/桶之间波动。

成品油需求方面，2017 年，在全球经济形势向好的拉动下，世界成品油需求尤其是柴油需求强劲增长。2018 年世界成品油需求有望继续保持较高增速，美洲仍是全球第一大成品油消费地区，

亚太是世界第二大成品油消费地区，也是拉动需求增长的主要动力。2018年，柴油需求增量略有回落，但总体仍维持较高水平，汽油需求继续维持温和增长。

上游勘探开发方面，预计2018年全球勘探开发投资略有增长，其中美国页岩油勘探活动继续增加，美国原油产量有望突破1000万桶/日大关并创历史新高，中东和拉美则成为常规油气产量增长的重点地区。从我国来看，油价下跌以来我国上游投资下降，油田减产，原油产量降至近年来新低，但从中长期来看，我国石油资源总量规模大，未来仍具备一定增产潜力。

炼油化工方面，近年来，全球炼油业正在经历深刻变革。国际原油价格下跌使炼油业进入新一轮景气周期，炼油毛利持续改善。与此同时，主要炼油中心呈现差异化发展态势，亚太和中东地区炼油能力快速提升，北美炼能稳中有增，欧洲、中南美、非洲等地炼能则停滞不前。化工方面，2016~2018年石化业投资稳固回升，需求明显提升，产业景气维持较好水平，但全球芳烃产业则受供需发展不协调的影响，市场波动明显加大。

Abstract

The year of 2018 marks the 40th anniversary of China's reform and opening – up. In the past four decades, China has made remarkable achievements in its economic construction, become the world's second largest economy after the United States, basically completed industrialization and urbanization, and become the new core of global consumption. In addition, through the implementation of China's opening – up, "the Belt and Road"" and other national strategies, China has improved its international status constantly. From the development of energy industry, it can be seen that China has become the world's largest primary energy consumer, and its total energy consumption has been one of the consistently high ones in the world for many years. In 2017, China surpassed the United States to become the world's largest importer of crude oil, thus leading global crude oil trade to accelerate its shift eastward. According to the layout of domestic refining and chemical industry, it can be seen that China is bound to a new round of concentrated commissioning period of refining capacity around 2020; it is estimated that the import of crude oil will still maintain rapid growth, and the export of refined oil products will be featured by large scale, bases and heavy – duty transport tools.

From the petroleum market, it can be seen that global petroleum situation is still undergoing a profound adjustment. Since the current round of drop in oil prices, the year of 2017 is the first year in which the rebalancing of global petroleum market has really started; petroleum

inventories have started to decline, but the average of the past five years have not yet be reached. In 2018, global petroleum market will show an overall tight balance; meanwhile, geopolitical tensions will be exacerbated, and macroeconomic uncertainties will increase, thus making the situation of petroleum market more complicated in 2018. According to initial estimate, Brent oil price will fluctuate between US $55 – 70 a barrel in 2018.

In terms of the demand for refined oil products, driven by better global economic situation, the world's demand for refined oil products (especially diesel) was growing strongly in 2017. In 2018, the world's demand for refined oil products is expected to keep a relatively high growth rate; America will still be the world's largest consumer of refined oil products, and the Asian – Pacific region will be not only the world's second largest consumer of refined oil products, but also a major driving force behind the demand growth. In 2018, the increase in demand for diesel will be slightly lower, but the overall demand will remain at a relatively high level; and the demand for gasoline will keep growing modestly.

In terms of upstream exploration and development, it is estimated that global investment in exploration and development will grow slightly in 2018; the United States will continue to increase shale oil exploration activities, and its crude oil output is expected to exceed 10 million barrels/day mark and hit a new high; the Middle East and the Latin America will become the key regions of conventional oil and gas output growth. In China, since the drop in oil prices, China's upstream investment has declined, the output of oil fields has reduced, and crude oil output has fallen to a new low in recent years; but in the medium and long term, due to the large gross scale of its petroleum resources, China still has the potential to increase production in the future.

In terms of oil refining and chemical industry, the world's oil refining industry is undergoing profound changes in recent years. The drop in international crude oil prices has pushed the oil refining industry into a new round of booming cycle, and the refining margin has been improved continually. Meanwhile, major oil refining centers present differentiated development; the oil refining capacity in the Asian – Pacific and the Middle East regions shows a rapid growth; the oil refining capacity in North America is steadily increasing; the oil refining capacity in Europe, Central and South America, Africa and other places is stagnant. In terms of chemical industry, the investment in petrochemical industry shows a steady recovery in 2016 – 2018, the demand is increasing significantly, and the industry prosperity is maintained at a relatively good level. However, due to the influence of inconsistent supply and demand development, the global aromatics industry is going through obviously increasing market fluctuations.

目 录

Ⅵ　专题篇

皮书数据库阅读**使用指南**

CONTENTS

I General Report

II Macroscopic Analysis

Ⅲ   Market Reports

Ⅳ   Exploration Reports

Ⅴ   Industry Reports

VI　Special Topics

总 报 告

General Report

B.1

中国石油产业形势分析与展望

本书编写组

执笔人：柯晓明*

摘　要：　本报告对我国改革开放以来的经济和能源发展情况进行
了总结，回顾了我国经济发展所取得的巨大成就和能源
领域的变化趋势。通过对国内外石油价格、市场和勘探
领域的回顾与展望，给出了 2018 年国内外石油市场形
势总体向好、投资和竞争同时增加的判断，并对全球能
源行业的中长期发展趋势进行了预测。此外，结合

---

* 柯晓明，教授级高级经济师，1991 年毕业于华东理工大学石油加工专业，现任中国石化经济
技术研究院副总工程师、市场营销研究所所长。

"一带一路"国家倡议，对沿线国家和地区的石油供需情况进行分析，并提出了中国与"一带一路"沿线国家和地区合作发展石油产业的优势和机遇。

关键词： 能源 石油 供需 贸易 勘探开发

一 经济与能源发展

（一）宏观经济

1978 年改革开放之后，中国经济创造了前所未有的奇迹。拥有超过 10 亿人口的大国经历了长达 30 多年 10% 左右的高速经济增长（见图 1）。自 2010 年起，中国成为继美国之后的世界第二大经济体，国内生产总值（GDP）从 1978 年的不足 1.78 万亿元人民币升至 2017 年的 82.71 万亿元人民币。国家统计局公布的数据显示，初步核算，2017 年中国经济增长 6.9%。预计 2018 年增长 6.7%。2017~2018 年中国国民经济主要指标预测见表 1。

目前，中国工业化与城镇化基本完成，经济结构日趋合理；人民生活水平和社会保障水平得到显著提高；初步建立起了适应中国经济发展的市场经济体制。制度红利、人口红利、梯度发展模式、融入世界产业链和市场经济体系，以及大规模基础设施建设所带来的市场扩大与成本下降，是中国模式比较突出的经验。

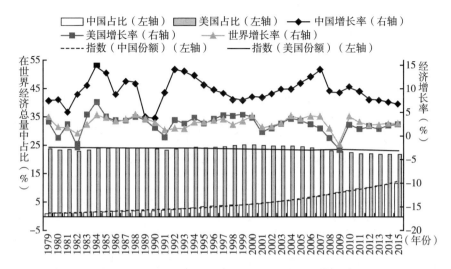

图1　中国与美国、世界的经济增长

数据来源：World Bank Database，GDP 数据（以 2010 年为基期、美元为单位的不变价格 GDP）。

表1　2017～2018 年中国国民经济主要指标预测

单位：%

指标	2017 年初步核算值	2018 年预测值
总量:GDP 增长率	6.9	6.7
投资:名义增长率	7.0	6.3
消费:名义增长率	10.3	10.1
外贸:进口增长率	14.7	8.6
出口增长率	6.6	5.3
价格:PPI 上涨率	6.2	3.6
CPI 上涨率	1.6	2.0
货币金融:M2 增长率	8.2	8.9

　　中国发展面临的挑战包括老龄化与少子化、不同阶层之间的发展不平衡、缺乏内生技术进步机制、金融稳定压力增大、能源消耗

与生态环境压力等。未来，中国经济仍将继续保持较快增长，中国有望成为世界新的消费中心。智慧城市、智能制造、生态修复和美丽中国建设等将是中国新的经济增长点。

同时，中国的"一带一路"倡议需要与智能制造所引领的"再全球化"相协调，并需要积极参与国际经济治理体系，将"一带一路"与"人类命运共同体"等理念融入其中。

（二）中国能源

能源资源是人类生产活动得以进行和发展的动力，是国民经济和社会发展的重要物质基础。中国能源消费总量连续多年位居世界前列，2017年超过44亿吨标准煤；能源消费结构继续改善，非化石能源消费占比提高到14.3%左右，天然气消费占比超过6.8%，煤炭消费占比下降到60%左右。最近十年来，中国的石油消费占一次能源消费的比例维持在18%～19%的水平。经过长期努力，中国已构建起了能源发展改革的基本制度框架和政策体系，能源行业正向"清洁低碳、安全高效"加速迈进，能源国际合作全方位拓展。

新时代开启新征程，当前至2050年，中国的能源发展将划分为三个阶段，即能源结构优化期、能源结构过渡期、能源体系定型期。到2020年，中国能源消费总量将控制在50亿吨标准煤以内，非化石能源占一次能源消费总量的比重达到15%左右；到2030年，能源消费总量控制在60亿吨标准煤以内，煤炭在一次能源消费中的占比降至49.7%，天然气将迎来快速发展，占一次能源消费总量的比重达到13.8%。到2050年，能源消费总量为56.8亿吨标准煤，其中煤炭、石油、天然气、非化石能源消费量占一次能源消费总量的比重分别为 31.7%、14.1%、13.4% 和 40.8%（见图 2）。

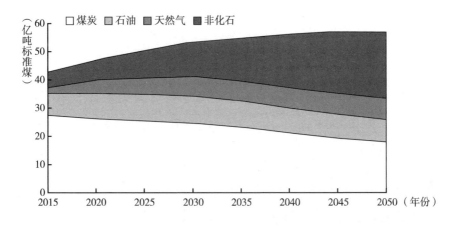

图 2　我国能源需求预测

　　未来 35 年，为更好地实现能源发展目标，能源行业将加快供给侧结构性改革。一是加快煤炭替代，确保煤炭消费稳定下降。"十三五"期间煤炭需求已进入峰值期，煤炭消费将向燃料与原料"角色"并重转变，并注重清洁利用。二是中国石油需求预计在 2030 年前达到峰值。石油市场将更加鼓励节约和替代，石油利用将从燃料为主转向燃料与原料并重的方向。三是在非化石能源成为主力能源之前，天然气是替代煤炭和石油最有效且清洁的能源之一。中国天然气消费将在 2040 年前后进入平台期。

　　未来 35 年，中国需要加快建立现代能源市场体系，以绿色、低碳为方向，全面提高能源科技水平，促进产业提质增效，健全新能源行业管理体系，把握好新能源发展的方向和节奏。能源行业需要把握方向，并在转型发展方面提前布局。

二 国际石油市场

（一）国际油价走势

2017 年是全球石油市场真正开启再平衡的第一年，石油库存开始下降，但仍未达到过去五年的平均值。布伦特（Brent）原油全年均价为 54.7 美元/桶，较 2016 年上涨 21%，基准油价格创三年来最高水平。布伦特与 WTI 原油价差明显扩大，轻重质—高低硫原油价差显著收窄。2017 年基准油价格走势见图 3。

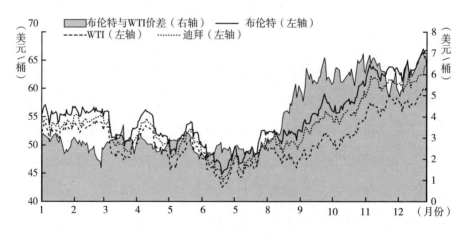

图 3 2017 年基准油价格走势

数据来源：路透社，Platts，Unipec Research & Strategy（URS）。

2017 年全球石油市场的特点主要有三点。一是 OPEC 和俄罗斯、哈萨克斯坦、墨西哥等产油国减产协议履约率创 20 年新高，推动原油供应总体下降；但是美国、利比亚、加拿大等国增产，在很大程度上抵消了产油国减产效果。二是石油需求面继续健康增长，IEA 认为，2017 年全球石油消费增长 150 万桶/日，高于过去 20 年年均 120 万桶/日左右的增幅，其中，OECD 欧洲国家增长 30 万桶/日，摆脱了金融危机的影响。三是中国成为最大原油进口国，2107 年进口量为 850 万桶/日左右，美国成为重要的原油出口国，出口量为 105 万桶/日左右，对全球原油贸易格局产生深远影响。

2018 年，产油国减产协议延长至年底，全球石油需求前景和美国页岩油增产前景是决定供需平衡的关键。与此同时，宏观经济和金融市场面临的风险增加、全球地缘政治动荡加剧，也使得 2018 年石油市场面临一定的不确定性。预计 2018 年全球石油市场总体维持紧平衡，国际油价运行区间较 2017 年总体上移，布伦特油价多数时间在 50～70 美元/桶区间波动。从中长期来看，2020 年之前国际油价多数时间有望在 60～80 美元/桶波动，2020 年之后油价走势存在一定的不确定性，但预计仍难以突破 100 美元/桶大关，主要是由于替代能源的发展。

（二）世界成品油市场

2017 年，在全球经济形势向好的拉动下，世界成品油需求强劲增长，总量达到 6121 万桶/日，同比增长 1.7%，增速较 2016 年提高 1.0 个百分点（见图 4）。2018 年世界成品油需求有望继续保持较高增速，美洲仍将是全球第一大成品油消费地区，亚太地区为世界第二大成品油消费地区，也是拉动成品油需求增长的主要动力（见表 2）。

从中长期来看，受燃油效率提高和替代能源影响，世界成品油需求增长放缓，发达国家需求稳中趋降，主要增长动力来自中国、

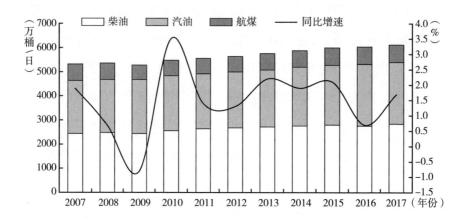

图4 世界成品油需求（分品种）

数据来源：IEA、EIA、METI、KNOC、PPAC、ARGUS、JODI、EDRI、中国国家统计局、Unipec Research & Strategy（URS）。

表2 世界成品油需求展望

单位：万桶/日，%

地区	实际			预测			年均增长率	
	2015	2016	2017	2018*	2020*	2025*	2015~2020*	2020~2025*
美洲	2234	2232	2247	2268	2301	2339	0.6	0.3
欧洲	984	997	1020	1029	1020	996	0.7	-0.5
亚太	1784	1815	1870	1921	2039	2321	2.7	2.6
前苏联	268	277	280	285	294	300	1.9	0.4
中东	409	395	396	403	424	472	0.7	2.2
非洲	295	300	308	315	332	380	2.4	2.7
合计	5974	6016	6121	6221	6410	6808	1.4	1.2

注：＊表示 Unipec Research & Strategy（URS）预测。

数据来源：IEA、EIA、METI、KNOC、PPAC、ARGUS、JODI、EDRI、中国国家统计局、Unipec Research & Strategy（URS）。

印度、中东、非洲等地。分品种来看，柴油是世界成品油市场中需求量最大的油品，受油气业上游开采和基建需求的拉动，2017～2018年柴油需求增长强劲，中长期增速将有所放缓。受替代能源影响，2017年世界汽油需求不温不火，预计2018年稳中略增，中长期仍有望保持一定的增长。航煤是2017年世界成品油市场中需求增速最快的油品，预计后市将持续高速增长。

三　中国石油市场

（一）中国成品油市场

中国成品油（含汽、煤、柴油，下同）消费约占石油消费总量的53%，是主要的品种之一。2017年，随着宏观经济发展呈现稳中向好态势，成品油市场需求侧有所改善，表观消费达3.20亿吨，同比增长2.8%（见图5）。分品种来看，由于终端需求动能转换，2017年成品油消费市场呈现"汽油趋冷、煤油稳增、柴油回暖"格局。另外，国内替代燃料消费规模持续上升，目前天然气、生物燃料和新能源的替代占成品油终端消费的6%左右，进口混芳、轻循环油、C4深加工组分油等调油产品占终端消费的10%左右。市场的另一个特点是油品质量标准升级加速，2017年10月起，京津冀及周边"2+26"城市已经全部供应符合"国六"标准的车用汽柴油，禁止销售普通柴油，但是由于监管不到位，市场上国Ⅴ、国Ⅳ、国Ⅲ、车柴和普柴、非标油等多品种共存的问题仍旧突出。

2018年中国宏观经济环境相对平稳，成品油市场化改革继续

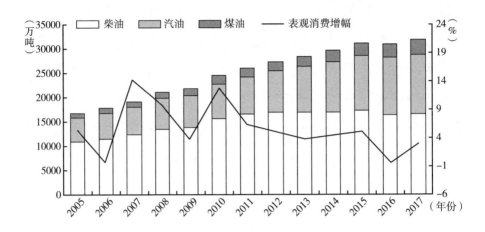

图5 中国成品油表观消费变化趋势

前行；汽车市场需求总量与2017年相比变化不大，呈现"乘用车小幅增长，货车逐步下滑，客车有所恢复"的格局；环境保护和去产能继续推进，柴油需求受到影响。预计，2018年中国成品油需求同比增加3%左右。

中长期来看，由于经济增速放缓、人口逐步达峰，汽车保有量增长减速、燃油经济性不断提高，天然气和新能源等替代能源不断增加，中国的成品油市场需求增长速度将逐步放缓。其中，"十三五"期间柴油消费进入回落前的平台期，汽油消费在2025~2030年达峰，煤油需求峰值将再延缓10年左右。

（二）中国原油贸易

2017年炼油能力扩张，加之中石油云南炼厂和中海油惠州二期项目投产、山东民营企业进口原油使用权增加，中国原油进口量攀升至4.2亿吨，同比增长10.1%，维持了过去几年的高增长态势（见图6）。同年，中国原油对外依存度进一步攀升至68.5%，创历史最高水平。2017年中国超越美国成为全球最大原油进口国。

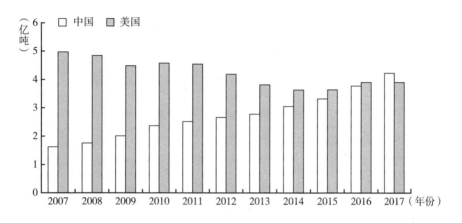

图6 中国和美国原油进口量情况

数据来源：中国海关，Uuipec Research & Strategy（URS）。

2017年中国从中东进口原油连续第四年下降（目前占中国进口原油总量的43%，较上年下降4.7个百分点），从美洲（占16%）和前苏联地区（占15%）等地进口原油则呈现快速增长态势。俄罗斯连续两年成为我国最大的原油进口来源国（占14%）。此外，地方炼厂进口原油大增，重塑我国原油贸易格局。

从2018年和中长期来看，中国经济总体保持稳定增长态势，2020年之前，大量新增炼油能力投产以及补库需求有望带动原油进口继续保持较快速增长。2020年以后，中国原油贸易量仍将继续增长，但增速或有所放缓。

从进口来源地看，中东地区仍将是中国主要的原油进口来源地，中长期进口比重仍将维持在40%以上。随着中美两国能源领域的合作深化，未来中美之间原油贸易合作还将再上一个台阶，以

"大美湾"为代表的原油产区将成为我国原油进口增量的主要来源地，自美洲地区进口原油有望在 2020 年占到中国原油进口总量的20%，美洲将取代非洲成为亚太以及中国第二大原油进口来源地。非洲地区占比或将降至 20% 以下。此外，中俄原油管道二线在 2018 年初投入运行，俄罗斯作为中国最大原油进口来源国的地位将得到进一步巩固。

（三）中国成品油贸易

以往中国原油加工生产成品油主要用于满足国内需求，少量成品油进出口用于调节国内供需平衡。2010 年以后，国内市场需求放缓，加之地方企业炼油能力快速提高，以及 2015 年以后民营企业的进口原油使用权放开，中国的成品油过剩成为新的常态，出口量不断攀升。2017 年中国出口成品油 3950 万吨，再创历史新高；但受制于政府配额调整、出口基础设施限制，成品油出口同比增长3.4%，远低于上年同期增长 56% 的水平（见图 7）。

从流向看，长期以来亚太地区是中国最大的成品油出口市场，主要出口目的地为新加坡、马来西亚、印度尼西亚、越南和菲律宾等东南亚国家。但近年来，受欧美、中东等地区成品油出口量以及亚太区内韩国、印度等国成品油出口量日益增加的影响，中国的成品油传统出口市场竞争日趋激烈，这也推动中国成品油出口结构发生较大变化。

中国的"一带一路"倡议为成品油出口渠道多元化提供了良好的契机。借助这一倡议，中国面向"一带一路"沿线国家的成品油出口呈增长的态势，其中菲律宾、斯里兰卡和孟加拉国成为中

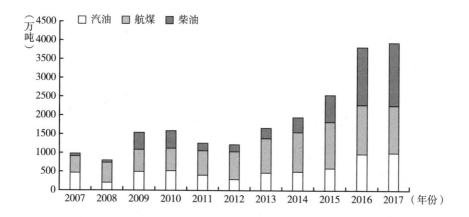

图7 中国成品油出口变化趋势

数据来源：中国海关，Unipec Research & Strategy（URS）。

国成品油出口增长的新亮点。

展望2018年，我国成品油出口政策继续向一般贸易倾斜，成品油出口继续保持温和增长，总量有望突破4100万吨，同比增长4%左右。从中长期看，考虑到国内成品油需求增速放缓，以及2020年前后多个大型炼厂相继投产，成品油出口将维持逐年攀升态势，跨区贸易和大船拼装成为趋势，将对亚太乃至全球成品油贸易格局产生重要影响。

四 上游勘探开发

（一）全球

勘探开发是石油生产的重要基础。2014年以来国际油价下跌导致石油勘探开发投资大减，2017年上游投资企稳回升，油气钻

机总数同比增加超过25%。一方面，常规油气新增储量大幅减少，2017年储量替代率降至11%；另一方面，非常规油气有重要突破，美国境内从事油气活动的作业钻机数量同比增加约45%，产量稳定增长，阿根廷和中国的页岩油气勘探开发活动也取得一定的进展。低油价下油气行业不断进行技术创新和管理创新，信息与数字化技术在油气勘探开发中的应用渐趋广泛，油气行业重视通过组建战略联盟应对低油价。

预计2018年全球油气勘探开发投资超过4100亿美元，继续保持增长态势。页岩油产量增加与发展的挑战并存，油价超过55美元/桶时，多数美国公司开始产生现金流，页岩油气产量继续上升。中东地区的伊朗和阿联酋、拉美地区的巴西和墨西哥将成为常规油气增长的重点地区，商机巨大。

（二）中国

目前，中国是世界第五大产油国，同时石油消费对外依存度超过65%。中国石油资源丰富，总量规模大，勘探开发利用程度总体较低，未来潜力较大，而且亟须加强勘探，增加接续可采储量。

2015年油气资源动态评价结果显示，中国石油地质资源量1257亿吨，可采资源量301亿吨。截至2016年底，累计探明石油地质储量381亿吨，探明可采储量101亿吨，石油地质资源量的探明率为30.3%，处于勘探中期阶段，石油可采资源量的利用率为21.6%，处于开发早中期阶段。目前，石油资源主要分布在东部、西部和近海海域。

伴随着国际油价高企和国内经济的快速增长，石油上游行业经历了长达近 10 年的持续稳定增长。在高油价下，我国油气上游勘探投资由 2007 年的 542 亿元增长到 2013 年的 786 亿元，年均增长 6.4%。2014 年以来，油价暴跌导致全国油气勘探投资大幅减少，2015 年油气勘探投资 600 亿元，同比下降 19.2%（见图 8）。

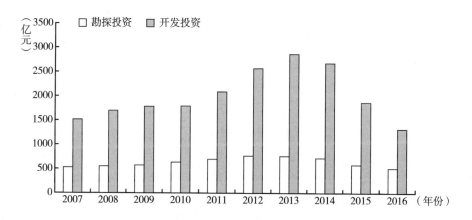

图 8 2007～2016 年全国油气勘探开发投资情况

数据来源：《全国石油天然气资源勘查开采通报》和《"十三五"油气勘探开发规划评估报告（2016 年）》。

21 世纪以来，中国石油产量总体保持稳步上升，2010 年突破 2.0 亿吨，2015 年达到 2.15 亿吨的历史峰值，年均增速超过 1%。2016 年由于国际油价持续低位运行，上游业务亏损，国内石油产量跌至 2.0 亿吨（见图 9），同比下降 7.0%，2017 年继续下降 3% 左右。

随着国际石油市场再平衡和国内经济稳中向好，石油上游行业有望在较长时间内保持稳定发展。主要的措施是加强油气资源地质调查评价、加快推进油气资源管理体制改革、加强关键技术与重大装备创新、完善油气资源勘探开发支持政策，力争在中长期内，全国石油产量稳定在 2 亿吨左右。

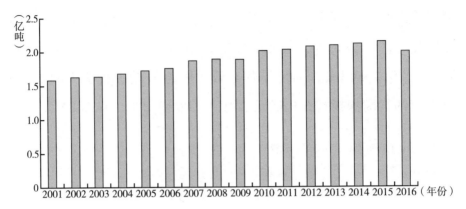

图9　2001~2016年全国石油产量统计

数据来源：《全国油气矿产储量通报（2016）》。

（三）美国

美国是全球发展最成功的非常规油气市场。2014年至今，美国的页岩油气勘探开发受油价波动影响，经历了从急速下滑到逐渐回暖，直至在油价新常态大背景下达到稳定增长的状态（见图10）。

美国的页岩油产量在2015年3月达到596.7万桶/日的峰值，随后进入连续18个月的产量下降期，在2016年9月达到515.4万桶/日的阶段性低点，之后随着油价回暖持续回升至今。2017年12月美国的页岩油产量为631.4万桶/日，为有史以来页岩油月度产量峰值。其中，二叠盆地是美国第一大页岩油产区，其产量占全美页岩油总产量的42%。

二叠盆地是本轮低油价以来整个美国页岩油行业的一大亮点，也是唯一产量持续增长的页岩油产区。

随着油价的逐渐攀升，页岩油专营公司的业绩正在逐渐改善，目前油价略高于盈亏平衡点油价。对典型公司经营进行综合分析后

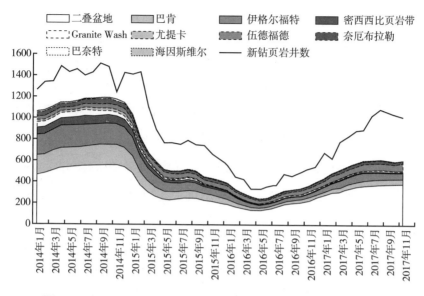

图10　美国主要从事石油钻探活动的钻机数（单位：台）
与新增页岩油井数（单位：口）

得出，美国页岩油完全生产成本（包括矿权购置成本，钻井、完井、油田基础设施和运营成本，以及股东分红、融资利息等）在55美元/桶左右。

预计2018年国际油价整体水平略高于美国页岩油勘探开发的完全成本，因此判断美国页岩油勘探开发工作量投入以及产量将继续保持双增长，二叠盆地、伊格尔福特以及巴肯依然是页岩油产量增长的重点地区。

五　炼油与石化

（一）世界炼油业

近年来，全球炼油业正在经历深刻变革。国际原油价格下跌使

炼油业进入新一轮景气周期，炼油毛利得到持续改善。最近 10 年来，全球炼油能力以 1.2% 的年均增速稳步增长，2017 年达到 1.02 亿桶/日（见图 11）。与此同时，主要炼油中心呈现差异化发展态势。亚太和中东地区是炼油能力增长最快的地区，全球 90% 以上的新增炼力来自这两个地区，但大量新建和扩建项目集中投产，令地区产能过剩问题日益突出。美国页岩油气革命给炼油业注入生机，前苏联地区和非洲炼能停滞不前，欧洲和中南美洲甚至出现萎缩。

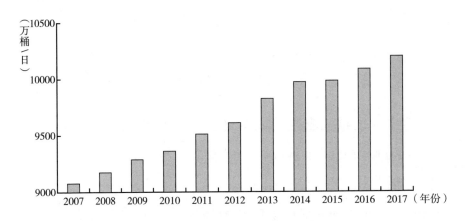

图 11　全球炼油能力变化趋势

数据来源：Pira、Unipec Research & Strategy（URS）。

未来世界炼油业发展有三大趋势：一是 2020 年以前全球炼油能力保持较快增长，在 2018 年基础上进一步增长 292 万桶/日至 1.07 亿桶/日，增量绝大部分仍来自苏伊士以东地区，包括中国、中东、印度、马来西亚、文莱等地；二是全球清洁燃料质量标准升级提速，除了汽柴油以外，国际海事组织（IMO）提出，2020 年后从事国际航运的船舶将不允许使用含硫量超过 0.5% 的燃油；三是炼油工业继续向规模化、一体化和集约化发展，短期看，炼油毛利总体维持较好水平，中期看，新增能力对炼油毛利的影响逐步显现，炼油向化工转型的步伐将逐步加快。

（二）世界石化工业

经历了短暂的投资失速以后，全球石化工业再度快行。2008年爆发的金融危机在重创了全球经济的同时，也对石化工业造成了巨大打击。2010~2015年全球乙烯产能年均增加约300万吨，是2005~2010年产能增量的53%。2015年全球石化行业开始出现回暖迹象，2015~2017年乙烯消费年均增长4.2%，快于2010~2015年不到3%的增长水平。随着全球经济景气度再度回升，2016~2018年石化业投资稳步回升，年均增速达5.0%，需求增长势头良好，年均增速达3.6%，产业景气度维持较好的水平（见表3）。然而，全球芳烃产业受供需发展不协调的影响，市场波动明显加大。

表3 2010~2018年全球乙烯供需变化

项目	2010年	2015年	2016年	2017年	2018年
产能（万吨/年）	14406	15920	16303	17063	17966
产量（万吨）	12296	14081	14586	15248	15810
消费（万吨）	12218	14154	14743	15366	15810

数据来源：EDRI。

研究本轮景气周期的影响因素，一方面，经济恢复对于需求增长起到至关重要的拉动作用，对景气周期的来临起到支撑作用；另

一方面，过去几年全球石化产业投资迟滞助推了本轮景气周期的来临。本轮石化景气周期与乙烯供需变化情况见图12。

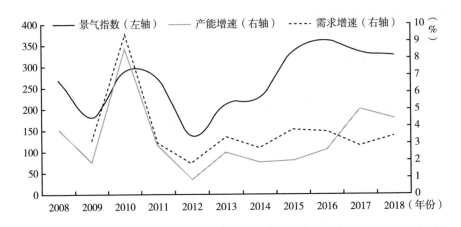

图12 本轮石化景气周期与乙烯供需变化情况

由于目前石脑油及乙/丙/丁烷合计占乙烯原料的比重高达96%，芳烃原料全部来自炼油产品，石化产业的可持续发展将成为助推石油消费增长的重要因素之一。

（三）中国炼油工业

中国炼油工业历经几十年的发展，产能位居全球第二，已成为国民经济战略性和支柱性行业。未来，产业结构调整及市场化改革将成为炼油行业转型升级的重要内容，成品油行业监管将继续深入推进。

2017年中国原油一次加工能力超过8亿吨/年，同比增长3.9%，占全球能力的17%；同年，中国石油表观消费突破6亿吨，同比增长5.6%（见图13）。从供应主体来看，中国石油、中

国石化、中国海油三大集团的能力占比由 2007 年的 83% 下降到
66%；其他国企占比约为 9%；民营炼厂占比由 2007 年的 11% 提
高到 24%，成品油市场供应主体多元竞争格局业已形成。

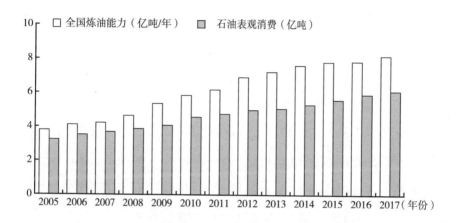

图 13　中国炼油能力及石油表观消费规模

随着市场环境的变化，中国炼油工业正在进入一个转型升级的
阶段。

一是炼化企业基地化、园区化、一体化趋势明显。2014 年中
国《石化产业规划布局方案》出台，指出将重点建设大连长兴岛
（西中岛）、上海漕泾、广东惠州、福建古雷、河北曹妃甸、江苏
连云港以及浙江宁波七大化工园区，打造世界一流的炼化产业
基地。

二是加快淘汰落后装置，产业集中度不断提升。据石油和化学
工业联合会报道，2015 年及 2016 年中国淘汰落后炼油产能合计超
过 6000 万吨/年，单厂平均规模上升到 506 万吨/年。民营炼厂获
得进口原油使用权的配额合计已超过 1.1 亿吨/年，基本覆盖所有
规模民营炼厂，政府今后的工作重点将转向市场监管。

三是炼油企业将加快结构调整，提高竞争力。为了适应市场，炼厂深加工路线得到优化升级，延迟焦化能力有所降低，但是渣油加氢和加氢裂化比重增加；汽煤柴油加氢精制和催化重整、烷基化等提高油品质量的装置继续增加。同时，炼厂更加注重向化工方向转型，提供更多适宜的化工原料。

四是炼厂生产工艺需要面对清洁化、低碳化的挑战。政府对炼油行业的污染物排放要求日益严格，出台了《石油炼制工业污染物排放标准 GB31570－2015》，新修订的《大气污染防治法》和《环境空气质量标准》也对炼油行业提出了一些限制。2019 年全国将实施第一阶段国Ⅵ的汽柴油标准。根据国际海事组织的规定，2020 年船用燃料油含硫量将从 3.5% 下降到 0.5% 。

（四）中国石化工业

2017 年，中国环保督察加速了石化上下游产能的出清，行业集中度得以提高，行业效益明显回升。同年，国内基建投资发力承接了房地产投资的疲软，"禁废令"的出台以及电子商务快速发展为国内合成材料消费领域拓展提供了空间，也有力地拉动了基础有机原料消费，当年国内乙烯生产能力达 2366 万吨/年，PX 生产能力达 1369 万吨/年，而当量乙烯及 PX 的消费增速均超过 10%（见图 14）。

2018 年，国内外经济形势良好，油价稳步上行，行业整体环境依然向好。由于中国国内几大炼化项目尚未投产、北美新增产能输出还未形成气候，国内石化行业效益仍值得期待。但由于库存回补到位，以及环保督察对产业发展继续发挥作用，预计国内石化产品供需增长将放缓。其中，全年乙烯产能增长 184 万吨/年，PX 产

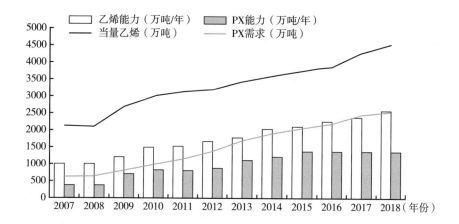

图14　中国的乙烯和PX生产能力及消费情况

注：当量乙烯＝乙烯表观消费量＋下游衍生物净进口折算乙烯量。

能与上年持平；两者消费增速分别回落至5%～6%和3%左右。

　　受低油价带来炼化一体化项目效益大幅提升的鼓舞，地方政府积极落实国家七大石化基地建设，在原油进口配额放开的大背景下，今后几年国内大型炼化一体化项目建设将重新启动。如果考虑目前在建的其他非传统石油路线的生产项目，国内石化行业的产能将在未来几年中迎来集中爆发式增长，并将深刻改变现有的国内石化市场格局。国内部分主要在建炼化一体化项目见表4。

表4　国内部分主要在建炼化一体化项目

单位：万吨/年

项目	乙烯	PX
恒力石化	—	450
中海油惠州二期	100	85
浙江石化（一期＋二期）	140＋140	520＋520
盛虹炼化	110	280

续表

项目	乙烯	PX
中化泉州	100	80
中科炼化	80	—
古雷石化	80	—
华锦石化	150	140

六 对外合作

"一带一路"沿线 64 个国家（不包括中国，下同）现有人口占全球总人口的 49%。按照 IMF 的统计，2016 年"一带一路"沿线国家 GDP 总量占全球的 16%，未来市场发展潜力巨大。同时，中国与"一带一路"沿线国家有着传统的友谊和联系，中国拥有良好的石油工业基础，未来的投资合作有着广阔的空间。

2016 年，"一带一路"沿线国家的炼油能力达 15.2 亿吨/年，占全球的 31.2%；2020 年炼油能力将增加到 16.7 亿吨/年，占比进一步提高到 32.3%。从装置结构来看，催化裂化和延迟焦化等主要二次加工装置能力与世界平均水平相比偏低，原油深加工能力不足，需要加大投入。未来，该地区油品质量提升的空间也较大，以汽油为例，2016 年硫含量等于或小于 10ppm 的汽油占市场的 40%，2025 年要提升到 63%。

"一带一路"地区成品油供需增速较快，占全球比例上升。2016 年"一带一路"地区成品油消费 7.12 亿吨，2000～2016 年年均增长 3.0%，增幅高于同期世界平均水平（1.6%）。预计，2020

年该地区成品油需求量占全球的比例由 2016 年的 25.8% 提升到 27.7%，2030 年进一步提升到 30.8%。

大部分"一带一路"沿线国家对于外商投资炼化工业持开放态度，部分国家与我国签订了双边贸易保护协定，部分国家与我国已有炼化工业合作的先例。近年来，中国石化在炼化技术及炼化装备等方面不断发展突破，不但可提供千万吨级炼油、百万吨级乙烯、百万吨级芳烃的成套先进技术，而且可提供炼化生产装置的工程设计、施工、开车等一站式整体解决方案，并且在炼化企业技术改造和质量升级方面积累了丰富的经验，完全可以为"一带一路"地区的炼化装置升级改造提供全方位的服务。

宏 观 篇

Macroscopic Analysis

B.2

改革开放40年中国经济
发展回顾与展望

李 平 刘 强*

摘 要： 本报告对中国改革开放40年来的发展成就与其经验进行了回顾和总结。报告认为，制度红利、人口红利、梯度发展模式、融入世界产业链和市场经济体系，以及大规模基础设施建设所带来的市场扩大与成本下降，是中国模式比较突出的经验。中国未来发展面临的挑战包括：少子化与过早的老龄化，不同阶层之间的发展不平衡，缺乏内生技

* 李平，中国社会科学院数量经济与技术经济研究所所长，研究员；刘强，中国社会科学院数量经济与技术经济研究所研究员，资源技术经济研究室主任，全球能源安全智库论坛秘书长。

术进步机制，金融稳定压力增大，资源消耗与生态环境的破坏，等等。未来，中国仍将继续保持较快增长，也有望成为世界新的消费中心。智慧城市、智能制造、生态修复和美丽中国建设等将是中国新的经济增长点。同时，中国的"一带一路"倡议需要与智能制造所引领的"再全球化"相协调，并需要积极参与国际经济治理体系，将"一带一路"与"人类命运共同体"等理念融入其中。

关键词： 中国经济　发展经济学　经济增长　梯度发展　人口老龄化　智能制造　智慧城市　产业升级

改革开放40年来，中国经济取得了举世瞩目的伟大成就，创造了大国经济增长的奇迹。同时，也积累了一些问题没有解决，并为未来发展留下了不可回避的挑战。总结中国发展模式的成功经验与中国经济运行机制，无论对于中国还是其他国家的未来发展都是非常有意义的。随着世界经济形势的变化，今后中国经济能否实现持续快速发展，以及未来发展的重点领域，也都值得研究与关注。

一　中国经济发展的成就

中国在经济发展上所取得的成就是全面发展的典范，其重点表现在以下几个方面。

（一）实现了经济稳定较快增长

1. GDP 与人均 GDP 实现了持续增长

改革开放之后，中国经济创造了前所未有的奇迹。拥有超过
10 亿人口的大国经历了长达 30 多年 10% 左右的高速经济增长。
2010 年起，中国成为继美国之后的世界第二大经济体（见图1）。

中国的实际国内生产总值（GDP）从 1978 年的不足 1.78 万亿
元人民币升至 2017 年的 82.71 万亿元人民币（国家统计局初步估
计数)[①]。中国 GDP 总量稳居世界第二位。

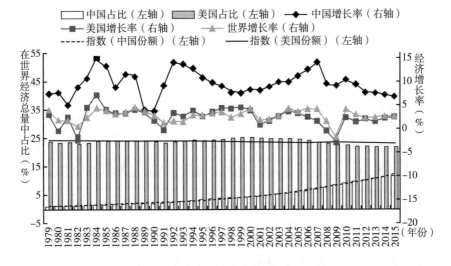

图1 中国与美国、世界的经济增长

数据来源：World Bank Database，GDP 数据（以 2010 年为基期、美元为单位
的不变价格 GDP）。

[①] 国家统计局，http://www.stats.gov.cn/tjsj/zxfb/201801/t20180119_1575351.html。

从人均 GDP 角度看，中国经济发展的成绩仍然十分出色，从 1978 年至 2017 年的 40 年间，人均 GDP 年均增长速度超过 8%，远高于世界平均水平（1.4%）和美国（1.6%）。但是从绝对值来看，中国与美国等 OECD 国家还存在较大差距。2017 年，中国人均 GDP 相当于美国的 13.2%，相当于世界平均水平的 66.2%（见表 1）。

表 1　中国、美国、世界人均 GDP 对比

项目	中国	美国	世界平均
人均 GDP(2010 年不变美元)	6893.8	52262.8	10417.3
1978～2017 年人均 GDP 增长率(%)	>8	1.6	1.4

数据来源：World Bank Database，GDP 数据（以 2010 年为基期、美元为单位的不变价格 GDP）。

2. 国际贸易快速增长，成为世界重要的贸易大国，由最大 FDI 流入国转变为重要对外投资国

根据世界贸易组织（WTO）的统计，从 1980 年到 2015 年，我国对外贸易总体上保持上升态势，2000 年以后发展更加迅速，除去 2009 年受到国际金融危机的影响，我国出口总额已连续 30 多年保持增长。2013 年，我国超越美国成为世界货物贸易第一大国，也是全球首个货物贸易总额超过 4 万亿美元的国家。

与对外贸易相比，我国的对外直接投资起步较晚，但发展迅速。2016 年，我国对外非金融类直接投资达 1701.1 亿美元，同比增长 44.1%，实现 14 年连续增长。截至 2017 年底，我国对外非金融类直接投资 1200.8 亿美元，质量和效益稳步提升。

（二）工业化与城镇化基本完成，经济结构日趋合理

1. 城镇化基本完成

1979～1991年的12年间，我国城镇人口增加到31203万人，比1978年增长80.9%，平均每年增长5.8%。城镇化率达到26.94%，比1978年提高9个百分点[①]。2002年11月党的十六大明确提出"要逐步提高城镇化水平，坚持大中小城市和小城镇协调发展，走中国特色的城镇化道路"。到2017年底，全国城镇化率提高到58.52%，比1991年提高21.58个百分点（见图2）。

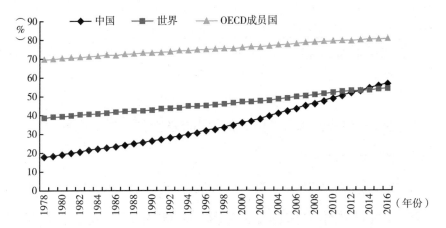

图2 中国、OECD成员国与世界的人口城镇化率

数据来源：World Bank Database，GDP数据（以2010年为基期、美元为单位的不变价格GDP）。

2. 工业化进程进入后期，工业化任务基本完成

中国社会科学院工业经济研究所2016年发布的"工业化蓝皮

---

① 国家统计局综合司：《系列报告之十：城市社会经济发展日新月异》，http://www.stats.gov.cn/ztjc/ztfx/qzxzgcl60zn/200909/t20090917_68642.html。

书"《"一带一路"沿线国家工业化进程报告》显示，中国已步入工业化后期阶段。该报告指出，"十二五"期间完成从工业化中后期到后期的过渡，预计 2020 年基本实现工业化[①]。中国工业化指标情况见图 3。

"中国制造 2025"顶层设计基本完成，产业升级有序进行，信息化、工业化融合发展，以信息化促进传统产业升级，实现互联网与工业融合创新，是中国产业转型与升级的主要形式。

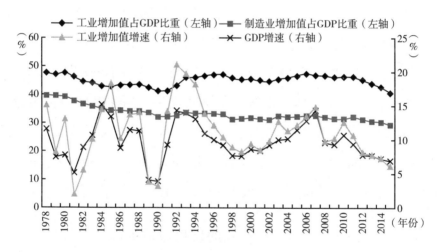

图 3　中国工业化指标

数据来源：World Bank Database，GDP 数据（以 2010 年为基期、美元为单位的不变价格 GDP）。

3. 产业结构日益合理，二、三产业增速明显高于第一产业，近年来第三产业发展迅速

2017 年，第一产业增加值占国内生产总值的比重为 7.9%，第

---

① 工业化水平综合指数主要以人均 GDP、三次产业产值比、制造业增加值占总商品生产部门增加值比重、人口城镇化率及第一产业就业占总就业比重 5 项单项指标，以权重打分评测。

二产业增加值占比为 40.5%，第三产业增加值占比为 51.6%。产业结构的优化与向服务业转移，奠定了中国下一步发展的坚实基础。传统产业转型升级正稳步向前推进。

（三）基础设施网络覆盖大部分国土与人口，经济现代化基本完成

到"十二五"结束（2015 年），我国高速铁路营业里程、高速公路通车里程、城市轨道交通运营里程、沿海港口万吨级及以上泊位数量均位居世界第一，天然气管网加快发展，交通运输基础设施网络初步形成。城际、城市和农村交通服务能力不断增强，现代化综合交通枢纽场站一体化衔接水平不断提升。高速铁路装备制造科技创新取得重大突破，电动汽车、特种船舶、国产大型客机、中低速磁悬浮轨道交通等领域技术研发和应用取得进展，技术装备水平大幅提高，交通重大工程施工技术世界领先，"走出去"步伐不断加快①。

（四）科技进步对经济增长的作用日益提高

在经济增长的驱动因素中，科技进步对经济增长的促进作用日益提高。2016 年，全社会 R&D 支出达到 15440 亿元，占 GDP 比重为 2.1%。科技部数据显示，我国科技进步贡献率达到 56.2%，创新型国家建设取得重要进展②。

重大科技创新成果不断涌现，加快塑造发挥先发优势的引领型

---

① 国务院文件，《"十三五"现代综合交通运输体系发展规划》。
② 《我国科技进步贡献率达到 56.2% 创新型国家建设取得重要进展》，http：//www. gov. cn/shuju/2017 – 10/19/content_ 5233085. htm。

发展模式。在量子通信、光量子计算机、高温超导、中微子振荡、干细胞、合成生物学、结构生物学、纳米催化、极地研究等领域取得一大批重大原创成果。战略高技术进展顺利，载人航天和探月工程、采用自主研发芯片的超算系统"神威·太湖之光"、国产首架大飞机 C919、蛟龙号载人深潜器、自主研发的核能技术、天然气水合物勘查开发和新一代高铁、云计算、人工智能等成就举世瞩目[1]。

（五）社会保障水平日益提高

截至 2016 年底，参加基本养老保险、基本医疗保险、失业保险、工伤保险、生育保险人数分别达到 8.88 亿人、13.3 亿人、1.81 亿人、2.19 亿人、1.84 亿人。社会保障待遇稳步提高[2]。

医疗文化教育服务水平提高。从医疗条件看，2016 年城镇地区有 83.6% 的户所在社区有卫生站，农村地区有 87.4% 的户所在自然村有卫生站，分别比 2013 年提高 3.9 个和 5.8 个百分点[3]。

二 中国经济发展的经验

中国经济的长期快速增长，是世界经济史上的重要事件。它大幅改变了世界经济格局，并为其他经济体提供了一个不同的发展案

---

① 中共科学技术部党组：《创新驱动铸辉煌科技强国启新篇——党的十八大以来我国科技创新的主要进展与成就》，《求是》2017 年第 11 期，http：//www. qstheory. cn/dukan/qs/2017 – 05/31/c_ 1121047660. htm。

② 《基本医疗保险覆盖人数超 13 亿》，http：//www. gov. cn/xinwen/2017 – 10/05/content_ 5229626. htm。

③ 国家统计局：《居民收入持续较快增长人民生活质量不断提高——党的十八大以来经济社会发展成就系列之七》，http：//www. stats. gov. cn/tjsj/sjjd/201707/t20170706_ 1510401. html。

例和经验。对推动中国经济长期快速发展的机制进行分析，既有助于中国经济未来的顺利转型，也有助于为其他发展中经济体提供路径参考。概括起来，中国的经济发展机制有以下主要因素。

（一）制度红利，市场导向改革为经济要素提供更好流动性和利用效率

改革开放从本质上看就是制度红利的释放。制度经济学认为，经济活动需要有五大要素的供给，即劳动力、土地和土地代表的自然资源、资本、科技创新、管理与制度。这五大要素中，管理与制度决定了其他要素的积累、供给和使用效率。

在改革开放的大环境下，劳动要素的市场化配置，使得大量农村剩余劳动力形成的低廉劳动成本得以支持中国发展成为世界工厂；资本要素的市场化配置，促进了中国各种所有制企业的快速发展，并使得中国资本市场快速发展。由于科技创新体制尚未完善，技术创新的供给主要来自国外。得益于中国快速发展的国内市场和工业需求，国外供给的科技创新在中国获得了丰厚的回报，从具体实例来看，从大众汽车的商标和技术专用权，到 IT 行业众多的专利技术，都在中国市场赢得了可观的知识产权收益。

土地要素虽然仍然由政府控制，但是它并非无偿供应。得益于经济快速发展的成果，土地要素的价格上升，土地要素成为中国市场导向改革的最大获利者。土地要素收益最终成为城镇化与房地产发展的推手和地方政府作为土地供给者的财政支柱。

因此，我们有理由说，改革开放近 40 年来的经济快速发展，或直接或间接地都是来自制度红利。

（二）人口红利与超量劳动力供给，为经济发展提供充裕的人力资源

人口红利是改革开放之后中国经济长期快速增长的一个重要基础。1978 年改革开放开始时，有一个人口的背景是，20 世纪 60 年代之后人口生育高峰出生的人口进入劳动力大军。由人口增长所带来的商品与服务需求增加，为经济增长提供了总需求方面的基础。

同时，由人口增长和年轻化所带来的劳动供给增加，也为中国经济的发展提供了重要的要素供给保证。大量农民在改革开放之后脱离土地，或进入乡镇企业，或流入其他地区和城市，变成了产业工人和建筑工人、服务业从业者，这就是中国特有的城乡二元体制形成的农民工。这些农民工的薪资成本低于城市正式工人，这也使得中国经济在国有经济不景气的情况下保持了快速的经济增长，并且为后来解决国有企业改革问题提供了社会财富和政府财政的保障。

由劳动人口增长带来的劳动力超额供给，使得劳动这一要素供给成为中国经济在世界市场上的一大竞争优势。这种超额供给，即超过工业和服务业所需人口的超额供给，使得中国经济在长达 30 年左右的时间里能够一直维持人力成本上的优势。同时我们也应该看到，最迟 2010 年以后，人口红利已经不可避免地结束了（见图4）。

（三）梯度发展模式为经济发展提供持续动力

梯度发展模式是基于缪尔达尔、赫希曼等人的"二元经济结构"理论——区域经济发展已经形成了经济发达区和落后区（即

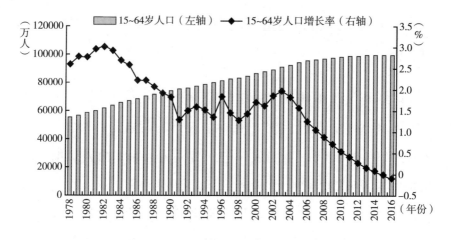

图4　中国适龄劳动人口情况

数据来源：World Bank database。

核心区与边缘区），经济发展水平出现了差异，形成了经济梯度——试图利用发达地区的优势，借助其扩散效应，为缩小地区差异而提出的一种发展模式。

中国改革开放的经济政策，既有主观上利用沿海发达地区带动腹地经济发展的考虑，也有降低改革难度，优先在经济条件较好的地区试点市场化经济政策的现实考虑。在实践中，梯度发展模式首先表现为沿海的经济特区。在21世纪之后，随着经济形势的发展和变化，梯度发展模式也演变为"东部率先实现现代化—中部崛起—西部大开发—东北振兴"的区域联动模式。

改革开放40年的发展实践表明，这一发展模式的选择是非常有效率的。从图5、图6可以看出，多数省份经济在长时间段内都表现出向全国平均值收敛的走势。这一趋势验证了中国经济增长动力从上海、北京、天津这样的增长极向周边和全国扩散的趋势。

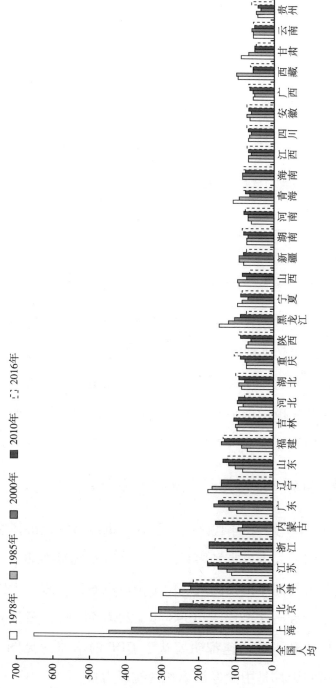

图5 各省（自治区、直辖市）的人均 GDP 对比

注：全国平均 = 100。

数据来源：国家统计局，各年统计年鉴。

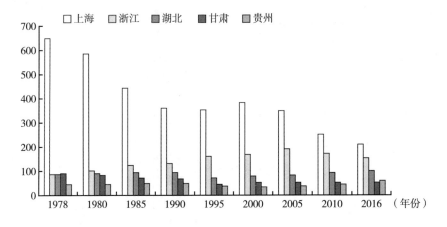

图6 典型省份的人均 GDP 对比

注：全国平均 = 100。

数据来源：国家统计局，各年统计年鉴。

可以说，梯度发展模式主导了中国改革开放后的发展进程。这一模式既降低了政策转变的难度，也大大提高了经济要素配置的效率。从实施结果看，这一模式不但没有拉大发达地区与落后地区的差距，而且随着增长极经济实力的增长，扩散和辐射效应增强，最终带动了欠发达内地省份的发展。

（四）融入世界产业链为产业技术升级提供方向

中国经济在 20 世纪 80 年代之后，加入了世界市场经济体系和全球产业链。中国加入世界市场体系之后，在成本优势推动下，迅速成为世界上重要的商品出口国。从图 7 中可以看出，除了少数几个特殊年份（如 1989～1990 年、1998 年、2009 年等），多数时间内中国的出口增速和进口增速都明显快于 GDP 的增速（见图 7）。净出口在多数时间内都是中国经济增长的拉动力量。

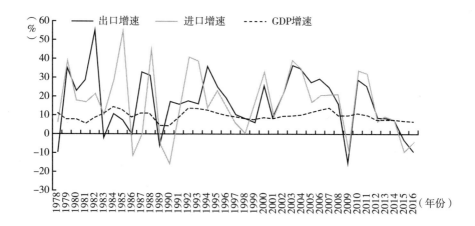

图7　中国进出口与 GDP 增速对比

数据来源：World Bank database。

中国经济的出口导向，其贡献不仅局限于经济增长，其最大的贡献在于为中国经济提供了产业升级和技术升级的机会与动力。同样，进口商品对中国经济也有巨大的促进作用。中国进口的商品，尤其是在 2000 年之前的进口中，多以技术设备和关键元器件为主，这种进口弥补了国内同类产品的差距，为中国产业升级做出了重要贡献。

加入世界产业体系，促使中国建成了自身与国际市场接轨的现代制造技术体系，并成为国际制造体系的重要组成部分。在此基础之上，中国企业已经发展了基于自己制造体系的技术标准，并有可能使它成为世界标准体系的一部分。

（五）大规模基础设施建设，促进要素流动与市场扩大

基础设施水平的提高首先有利于交易成本的降低，即提高交易

效率，而后通过扩大分工经济的空间进而促进分工演进和经济增长。交通基础设施服务有助于生产资料及产品的空间转移，从而扩大市场范围，提高市场交易的能力和效率。

利用政府的强大执行力，中国在短时间内快速建成互联互通的基础设施网络体系，提高了要素流动性，推动了国内市场的快速融合，形成了超过区域性的全国性统一大市场，这是中国经济成就的另一个重要经验。中国经济的长期快速发展，验证了基础服务能力提升的重要推动作用。基础设施建设先行，是中国经济增长的重要经验。

（六）实现生产型经济向消费型经济转变

2014 年之前，最终消费对国内生产总值增长的贡献率一般都在 50% 左右。2014 年最终消费支出对 GDP 增长的贡献率为 50.2%（2012 年为 51.8%，2013 年为 50%）。2015 年之后，消费的贡献率开始提高，2015 年消费支出对 GDP 增长的贡献率为 66.4%，2016 年为 64.6%。消费对经济增长的贡献明显提升。

这种从生产型和积累型经济向消费型经济的转变是多年来一直求而不得的结果，也是经济发展到新的阶段自然发生的结果。中国之所以能够实现从生产型经济向消费型经济的转型，高劳动参与率是一个重要因素。由高劳动参与率带来的家庭财富的积累，为转型提供了财政支撑机制。中国家庭普遍存在的攀比性消费，以及独生子女一代对生活品质的追求，也为这一转型提供了动力。

三 问题与挑战

（一）人口老龄化与少子化带来劳动人口比例的下降

目前，中国的人口增长和劳动力供给已经到达拐点。这一拐点形成了对中国经济长期持续发展的挑战。

由于严格执行了 30 多年的计划生育政策，中国过早地出现人口老龄化与少子化。在图 8 中，0~14 岁人口比例从 1978 年的接近 40% 下降到不足 20%（17.7%），这使得未来老龄化的速度会更快。老年人口比例从 1978 年的不足 5% 上升到 2016 年的 10.1%，上升了 1 倍还多，而且未来还会更高。

人口老龄化带给中国的挑战，既有劳动要素投入的减少导致的生产投入不足，也有积累率下降导致的长期资本供给不足。这些都会对长期经济增长产生负面影响。微观上看，老龄化会导致社会抚养负担加重，政府公共支出的压力也会增大。人口中劳动适龄人口比例（15~64 岁人口比例）在 2010 年达到顶峰 73.8% 之后出现了难以逆转的下降，2016 年已经下降至 72.2%。未来中国的劳动人口比例将会下降得更快。随着老龄化和少子化的发展，未来人口总量也将会出现负增长。这种挑战将是长期的，而且是难以逆转的。

（二）发展不平衡成为进一步发展的障碍

发展不平衡可以说是中国经济一个最大的缺点。真正的发展不

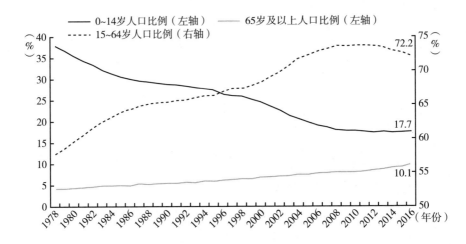

图8　中国各年龄段人口结构

数据来源：World Bank database。

平衡实际上发生在不同阶层的人群之间，表现为收入差距的存在与扩大。这体现在中国的基尼系数上。

按照国际标准或者世界银行标准，基尼系数在0.4以上就表明这个经济体的收入分配还存在很大的改进余地。根据国家统计局公布的数字，中国的基尼系数普遍高于0.46（见图9），属于收入差距较大的范围。在较高的基尼系数背后，是广泛存在的城镇人口与农村人口之间的收入差距，以及能够享受到的社会福利的差距。

实际上，中国经济的发展不平衡并非仅仅因为各地经济禀赋不同，它更多地是由制度所产生的身份差异造成的。比如城乡收入差距和社会服务差距，就是由城乡二元管理制度造成的。同样的问题也出现在不同所有制之间，国有企业与民营企业在收入和社会保障方面的差距也是因制度设计不同所致。

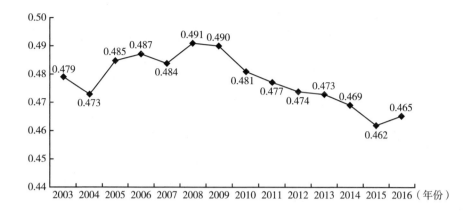

图 9　中国的基尼系数

数据来源：国家统计局。

这种身份识别与利益获得之间的挂钩，导致了不同主体之间的利益冲突，并促进了不同利益集团的形成与固化。其结果是，深度的改革需要在不同集团之间做出存量的调整，因此造成了不同集团在政策收益上的对立，这种冲突为进一步改革制造了内生的障碍。

（三）内生技术进步机制尚未建立

中国在20世纪90年代就提出了科技强国战略，提出要加强原始创新、集成创新和引进消化吸收再创新三种创新战略。然而在实践之中，技术进步仍然主要来源于技术引进，或者是在引进消化的基础上再创新，重大原始创新基本上仍然是空白。即使是高铁和C919大飞机这些项目，也仍然停留在集成创新和追赶模仿阶段。这种技术进步仍然是一种外生的，不是内生技术进步。

近年来，我国研发经费投入持续增长，总量保持在世界第二位，与位列首位的美国的差距正逐步缩小。但从研发投入强度看，

我国与以色列（4.25%）、韩国（4.23%）、日本（3.49%）等创新型国家相比还有很大差距（见图10）。从经费投入结构看，我国基础研究经费虽然实现两年连增，但仍处于较低水平，与发达国家15%～25%的比例水平相比也有很大差距[①]。

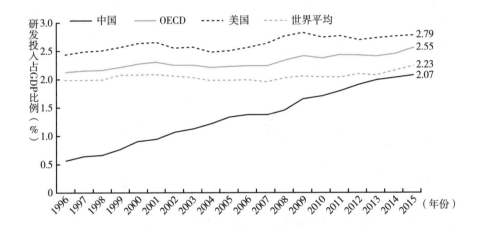

图10　中国与OECD、美国和世界平均的研发投入水平对比

数据来源：World Bank Database，GDP 数据（以 2010 年为基期、美元为单位的不变价格 GDP）。

（四）投资拉动型增长模式仍然没有根本改变，基础设施投资边际效益递减，金融资产质量下降，影响金融稳定

2016 年，中国全社会固定资产投资总额为 60.6 万亿元，但资本形成总额只有 31 万亿元。由此可见，中国的投资规模占 GDP 的比重大约是资本形成占比的两倍，说明投资效率在明显下降。

---

① 《我国科技进步贡献率达到 56.2% 创新型国家建设取得重要进展》，http：//www.gov.cn/shuju/2017－10/19/content_ 5233085. htm。

投资边际产出下降的一个重要影响是，由于多数投资都来自金融系统的贷款，这将使银行资产质量出现潜在风险。即使是资产质量最好的个人购房按揭贷款，房地产价格可能的下降也会导致部分城市尤其是二、三线城市银行相应资产的风险增加。

在这种情况下，金融系统的风险将会出现累积，最终导致只有货币超发才能稳定存量地产的价格，并稀释银行体系的资产质量风险。而货币的超发也将抬高新增地产的价格，最终还是回到地产经济的老路上，并抬高全社会的资金成本，破坏制造业的生存空间。因此，其对制造业盈利能力的负面影响，最终会影响人民币的汇率稳定。随着货币超发的累积，人民币贬值的压力也在累积。2016年以来外汇储备的流失已经为汇率稳定敲响了警钟。因此，未来金融稳定也将成为一个新的挑战，需要谨慎应对。在出台各种经济政策，尤其是货币与财政政策时，应充分考虑汇率风险。

（五）资源、能源与环境问题突出

中国经济的快速增长，伴随着能源需求与消费的快速增长。到2008年，中国经济在只有美国经济总量50%左右的时候，超过美国成为世界第一大能源消费国、第一大能源生产国和温室气体排放国，同时也是第一大煤炭生产和消费国、第一大电力生产和消费国。同时，随着中国工业化、城镇化进程的快速发展，各种自然生态环境系统被严重破坏。持续的大气污染、水污染和土壤污染，都是中国可持续发展的瓶颈。

在经济快速发展的过程中，各种资源遭到了过度的开采。根据BP公司的统计数据，中国煤炭储采比已经不足40年，中国成为主

要大国中储采比最低的国家。其他金属矿资源、森林资源也都出现了过度开采。

四　未来发展趋势

（一）中国经济将继续保持较快增长

中国经济的增长潜力仍然没有完全释放。第一，制度红利的空间仍然存在。目前政府对于能源、通信、教育、医疗等领域的准入限制，使得这些部门的供给潜力和衍生需求没有得到释放。随着中国经济改革的深入，这些领域将在适当时机向民营资本开放，届时由新的制度红利产生的增长空间将是巨大的。

第二，中国城镇化进程虽然基本完成，但是城市的服务功能还远未充分实现。道路交通、电信互联网服务、能源保障、环境服务、文化休闲等都有非常巨大的增长空间。

第三，中国的制造业已经形成了完整的工业体系，这在全世界都是独一无二的（美国、日本、欧洲已经把部分产业转移到他国），也具备了全球最大规模的劳动力供给能力，同时中国的劳动力综合成本仍然是世界最低的。

第四，中国的产业升级本身就会形成巨大的投资和发展机会。

第五，中国的高速铁路、高速公路、油气管网、新能源和智能电网等的投资需求仍然巨大。

综合以上因素，在未来20～30年的时间内，中国经济仍然会维持较高的增长速度，并为全球经济增长做出贡献。

（二）中国将成为新的世界消费中心

如果我们不以 GDP 的量来比较，而是以代表实际购买力的广义货币量即 M2 来比较，中国已经超过美国（2016 年中国的 M2 相当于美国的约 1.4 倍，GDP 相当于美国的 60%），成为全球第一大消费者。目前这一消费能力实际上被分散化，一部分用在了中国国内的房地产市场，一部分用在了国内除房地产外的市场，还有一部分用在了国外的市场。未来随着中国经济的升级与发展，目前从国外进口的商品将会更多地在国内生产，加上国内市场管理的改善，将会有越来越多的资金在国内直接消费。

2015 年 12 月波士顿咨询公司（BCG）和阿里研究院联合发布的中国消费趋势报告预计，未来五年中国消费市场将新增 2.3 万亿美元。到 2020 年，私人网络购物预计将以每年 20% 的速度激增。据 BCG 预测，尽管中国 GDP 增速放缓，但到 2020 年私人消费将达到 6.5 万亿美元的规模[1]。

（三）城镇化由集中扩张式城镇化向连片城镇化转变

我国实际上已经形成了一种连片城镇化的模式。这种连片城镇化的分布区域从辽宁省的辽中城市群沿东部海岸一直延伸到山东半岛、苏北苏中、长江三角洲、浙江、福建沿海、潮汕和珠三角地区，并沿长江向内陆延伸至重庆和四川盆地，以及沿陇海路至关中

---

[1] 《未来五年中国消费市场新增 2.3 万亿美元》，http：//finance. sina. com. cn/china/20151221/160824052323. shtml。

地区。

目前全国约70%的人口已经实际进入城镇及其周边地带，这一周边地带在行政形式上可能仍然属于农村，但是其生产生活形态已经与城镇没有差异。未来随着中国经济实力的进一步提高，以及社会管理能力的增强，城乡二元结构终将被一体化的社会管理所替代。政府也有义务对全体社会成员提供均等化的社会服务。在现代信息网络和交通网络的支持下，这种愿景并不难实现。

因此，未来的城镇化进程将是城市服务功能升级与逆城镇化同步进行的社会转型。在这一转型完成之后，中国将基本完成改革与发展任务，从社会形态上进入发达国家行列。

（四）技术升级、智能制造、智慧城市将成为新的发展方向

基于新一代机器人、互联网和物联网技术的智能制造和智慧城市将很快成为现实，也将成为中国经济发展的新方向。这一领域巨大的市场容量和投资规模，将确保中国在未来20年的时间内仍维持较快的发展速度。在这一过程中，既实现了制造业与服务业的高度融合，也将使智慧科技与智能制造成为新的技术制高点。中国在其中能够扮演的角色决定了中国在国际竞争格局中的地位。

中国目前虽然已经实现了较高的城镇化率——超过了60%，但是城市的公共服务能力远远落后于人口的城镇化水平。可以说，中国目前实现的是人口居住形态上的城镇化，还没有实现公共服务的城镇化。智慧城市的建设，将有效提升中国的城镇化质量，提高经济活力与创新能力，为创新活动提供适宜的生活与人文氛围，推动中国经济从资本、劳动密集型向技术驱动型转变。

（五）"一带一路"倡议、经济再全球化背景下，中国将更多地参与国际经济治理

"一带一路"构建了中国与亚欧经济深度融合发展的纽带与构架。在"一带一路"倡议的实施方案中，中国与沿线国家在互联互通的能源、交通等设施支持下，发展来往更加密切、运输更为便捷和低成本的区域性一体化市场。

在智能制造的推动下，经济全球化遇到的不会是"逆全球化"，而是"再全球化"，世界经济和全球产业链将围绕技术资源和市场资源重新配置生产格局和物流网络。这将与中国倡导的"一带一路"存在一定的差异。"一带一路"倡议意图通过基础设施网络的互联互通推动市场开发，而"再全球化"则是根据市场与技术格局重新配置物流网络，二者在一定条件下可以相互促进，通过"一带一路"的基础设施网络可以推动欠工业化地区融入世界的"再全球化"进程。

在这一进程中，中国的参与对国际经济治理具有重要意义。中国加入世界贸易组织和国际货币基金组织，以及国际能源署、能源宪章等专业化国际组织，在其中发挥重要作用。同时，中国也需将"一带一路""人类命运共同体"等理念融入这些国际组织的行为之中，推动全球经济更好、更公平地发展。

（六）生态修复与美丽中国建设将为中国经济增长做出贡献

大力发展绿色经济、"互联网＋"共享经济，为世界经济复苏带来新动力。"十三五"期间，我国在可再生能源领域的新增投资

将达到 2.5 万亿元人民币，比"十二五"期间增长近 39%。中国以绿色发展推动生态文明建设，将会成为拉动世界经济增长的新动力。在国内环境治理上，中国也向世界展示了自我治理的决心。

中国在生态修复和环境治理上迫切需要大的投资，需要设定未来目标，对重点项目进行梳理和公开，出台相应政策引导社会资本投入这一事业之中。在这一领域，仍然应该采用市场化机制，让各种资本能够在生态修复和环境治理上获得可观的经济效益。

五　2017年经济发展回顾与2018年经济走势预测[①]

2017 年，中国经济克服各种困难因素，实现了经济企稳并相比 2016 年有所好转。预计 2018 年将保持较好的回稳态势。

（一）2017年中国宏观经济稳中向好

经济增速稳中略升。在经济新常态下，我国经济结构调整加快，经济增长新动力不断积聚，财政收入好于预期，财政政策更加积极，工业生产较快，棚户区货币化安置和返乡置业需求促进了三、四线城市的商品房销售好转，进而带动消费需求。

固定资产投资增速下滑，投资结构分化。2017 年，随着中央

---

① 本节摘自中国社会科学院数量经济与技术经济研究所"中国经济形势分析与预测"课题组研究报告《中国经济形势分析与预测——2017年秋季报告》。课题总负责人：李扬；执行负责人：李平、李雪松；执笔：李平、娄峰、樊明太、李文军、张延群、胡洁、万相昱；参加起草讨论的还有：刘强、刘生龙、张涛、蒋金荷、胡安俊、冯烽、程远、王怡等。

和地方政府财政收入状况的改善，财政政策更加积极；同时，国家出台了一系列宏观调控措施，使得短板领域投资加快，城市轨道交通、地下综合管廊建设等基础设施支撑能力持续提升，生态保护和环境治理、水利投资水平不断提高，使得2017年的基建投资继续保持高速增长。高技术产业投资快速增长，为中国经济未来持续增长奠定了坚实的基础。

消费平稳增长，需求结构改善。2017年以来，服务消费继续快速发展，实体零售呈现回暖态势；以"互联网＋"为核心特征的消费新业态显著改变了传统的消费行为和消费模式，成为我国经济增长的新动力。

进出口增速明显回升，贸易顺差基本稳定。2017年，随着全球经济温和复苏，国际市场需求明显改善，从而带动我国出口增速显著回升；同时，国内经济稳中向好，带动进口持续增加，进口数量也快速增加；另外，国际大宗商品价格的快速上涨助推我国进口价值增长。

供给侧改革效果显现，价格涨幅有所增加。2017年，随着我国"去产能"政策逐步推进和落实，以及在劳动力成本不断上升以及钢铁、煤炭等产品价格快速回升等因素综合作用下，PPI价格指数快速回升。另外，2017年居民消费价格指数翘尾因素较低，M2增速大幅回落，房地产价格持续保持在高位。综合以上因素，2017年各类价格指数都有所上涨。

居民收入稳定增长，城乡差距进一步缩小。2017年，随着我国劳动力市场不断的结构性变化，居民收入持续稳定增长，城乡居民收入分配结构继续改善。

（二）2018年中国经济继续稳中求进

根据中国宏观经济季度模型预测，2018年，我国GDP增长率为6.7%，比上年略微减少0.1个百分点。根据中国社会科学院数技经所的中国经济先行指数（该指数由21个子指标构成），2017年下半年至2018年上半年，我国的经济增速呈现平稳的发展趋势。

2017~2018年中国经济增速将在新常态下运行在合理区间，就业、物价保持基本稳定，中国经济不会发生硬着陆。表2列出了2017~2018年国民经济主要指标情况。

表2 2017~2018年国民经济主要指标

指标名称	2017年统计值（第一季度）	2017年统计值（第二季度）	2017年统计值（第三季度）	2017年（全年）*	2018年预测值（全年）
1. 总量					
GDP增长率(%)	6.9	6.9	6.8	6.9	6.7
2. 产业					
第一产业增加值增长率(%)	3.0	3.8	3.9	3.9	3.1
第二产业增加值增长率(%)	6.4	6.4	6.0	6.1	6.0
第三产业增加值增长率(%)	7.7	7.6	8.0	8.0	7.7
3. 投资					
全社会固定资产投资名义增长率(%)	9.2	8.3	5.5	7.2	6.3
房地产固定资产投资名义增长(%)	9.1	8.2	7.4	7.0	5.1
基础设施固定资产投资名义增长率(%)	18.7	16.0	14.3	19.0	14.1
制造业固定资产投资名义增长率(%)	5.8	5.4	1.9	4.8	3.6
民间固定资产投资名义增长率(%)	7.7	6.9	4.0	6.0	4.0

续表

指标名称	2017年统计值（第一季度）	2017年统计值（第二季度）	2017年统计值（第三季度）	2017年（全年）*	2018年预测值（全年）
4. 消费					
名义增长率（%）	10.0	10.8	10.3	10.2	10.1
5. 外贸					
进口增长率（%）	23.9	14.4	14.5	18.7	8.6
出口增长率（%）	7.8	9.0	6.5	10.8	5.3
6. 价格					
居民消费价格指数上涨率（%）	1.4	1.4	1.6	1.6	2.0
7. 居民收入					
城镇居民人均可支配收入实际增长率（%）	6.3	6.7	6.8	6.5	5.8
农村居民人均纯收入实际增长率（%）	7.2	7.6	8.7	7.3	6.8
9. 货币金融					
M2增长率（%）	10.6	9.4	9.2	8.2	8.9

＊2017年（全年）数据为国家统计局最新发布的初步核算数（截至2018年1月25日）。

注：2018年数据为数技经所预测数据。

六　总结

中国经济经过近40年的改革开放，取得了举世瞩目的伟大成就。这些成绩的取得是多种内生因素共同作用的结果，归根到底，是改革开放所释放的政策红利，使得各种要素得以自发积累，并以市场化的政策提高了要素的配置效率，激发了中国人民创造美好生活的活力与动力。

在未来发展中，中国也面临着一些深层次的挑战。少子化与

过早的老龄化、劳动人口减少，为未来经济发展施加了劳动要素的天花板；不同阶层之间持续的、难以突破的发展不平衡，成为进一步改革的障碍；内生技术进步的机制尚未建立；投资拉动型经济增长模式导致银行资产下降，进而影响到金融稳定与汇率稳定；资源消耗与生态环境的破坏，影响了长期的可持续发展潜力。

展望未来，中国经济仍将继续保持较快增长。中国也有望成为世界新的消费中心；中国的城镇化进程将由人口集聚与城市土地扩展的粗放模式转到城市服务功能升级与智慧城市的建设上来；智能制造也是中国产业升级的一次重要机遇；生态修复与美丽中国建设也将是中国新的经济增长点。

"一带一路"倡议是中国扮演全球领导角色的一次重要尝试。这一倡议需要与智能制造所引领的"再全球化"相协调，并且中国需要在国际经济治理体系中积极参与，把"一带一路"与"人类命运共同体"等理念融入其中。

参考文献

［1］Paul M. Romer，"Increasing Returns and Long-Run Growth"，*The Journal of Political Economy*（5）1986.

［2］IBM：《中国制造业走向2025》。

［3］埃森哲：《三大增长动力——探索生产率提升新路径，助力中国经济和企业成功转型》。

［4］丁伟、Allieu Badara Kabia、邢源源：《创新驱动中国经济发展：回

顾与展望》,《辽宁经济管理干部学院学报》2016 年第 1 期。

［5］李平、王春晖、于国才:《基础设施与经济发展的文献综述》,《世界经济》2011 年第 5 期。

［6］刘强、王恰:《中国的能源革命——供给侧改革与结构优化(2017 ~ 2050)》,《国际石油经济》2017 年第 8 期。

［7］国家工业和信息化部、财政部:《智能制造发展规划(2016 ~ 2020 年)》。

［8］国家发展和改革委员会:《国家新型城镇化规划(2014 ~ 2020 年)》。

［9］国家制造强国建设战略咨询委员会:《〈中国制造 2025〉重点领域技术路线图》,2015 年 10 月。

［10］焦红兵:《科技进步对经济增长作用的分析》,《系统工程理论与实践》2001 年 7 月。

［11］杨立岩、王新丽:《人力资本、技术进步与内生经济增长》,《经济学》(季刊)2004 年 7 月。

［12］中国社科院工业经济研究所:"工业化蓝皮书"《"一带一路"沿线国家工业化进程报告》,社会科学文献出版社,2016。

B.3
两个一百年：中国能源发展展望

严晓辉　刘红光　刘晓宇*

摘　要： 能源资源是人类生产活动得以进行和发展的动力，是国民经济和社会发展的重要物质基础。经过长期努力，我国已构建起能源发展改革的基本制度框架和政策体系，能源体系正向"清洁低碳、安全高效"加速迈进，能源国际合作全方位拓展。到2020年，能源消费总量要控制在50亿吨标准煤，非化石能源占一次能源消费总量的比重达到15%左右；到2030年，我国能源消费总量控制在60亿吨标准煤以内，煤炭在一次能源消费总量中的占比降至49.7%，天然气将迎来快速发展，占一次能源消费总量的比重达到13.8%。到2050年，能源消费总量为56.8亿吨标准煤，其中煤炭、石油、天然气、非化石能源消费量分别为18亿吨、8亿吨和7.6亿和23.2亿吨标准煤。为更好地实现预期能源发展目标，要加快建立现代能源市场体系，以绿色低碳为方向全面提高能源科技水平，促进产业提质增效，健全新能源行业管理体系，把握好新能源发展节奏。

关键词： 两个一百年　中国　能源　2050年

---

* 严晓辉，中国石化经济技术研究院，工程师，博士，研究方向为能源产业发展战略；刘红光，中国石化经济技术研究院，工程师，博士，研究方向为能源产业发展战略；刘晓宇，中国石化经济技术研究院，产业发展研究所工程师，研究方向为炼油产业国际化。

进入 21 世纪以来，世界经济发展进入新常态。能源资源是人类生产活动得以进行和发展的动力，是国民经济和社会发展的重要物质基础。能源产业的科学发展受到世界各国的空前重视。当前至 2050 年是我国实现"两个一百年"奋斗目标的关键阶段，也是我国全面贯彻落实能源革命战略，构建清洁低碳、安全高效的能源体系的发力阶段。为此，做好能源展望工作可以为更好地把握能源发展形势提供有益参考。

一　能源发展成就举世瞩目

经过长期努力，我国能源发展发生了翻天覆地的变化，取得了举世瞩目的非凡成就，具体表现在以下几个方面。

（一）能源规划：构建基本的制度框架和政策体系

描绘能源发展蓝图、播种清洁低碳梦想，离不开科学的规划和决策的指引。特别是党的十八大以来，在布局好、完成好"十二五"各项能源规划的基础上，"十三五"能源发展蓝图已开始绘就。尤其是党的十八大以来，习近平总书记历史性地提出"四个革命、一个合作"的能源革命战略思想，这是我国能源发展的基本国策，是指导我国能源发展的理论基础和基本遵循。

能源"十三五"系列规划以及《能源生产和消费革命战略（2016~2030）》为我国能源发展第一次构建起综合性和专业性、中期性和长期性、全局性和地区性相结合的立体式、多层次规划体系，形成了能源发展改革的基本制度框架和政策体系。这其中就包

括：《能源生产和消费革命战略（2016～2030）》提出的能源革命
"三步走"主要任务，规划了2016～2030年我国能源系统、整体的
发展路径；编制并发布能源发展"十三五"规划和14个专项规划
以及分省规划，进一步明确路线图和时间表。

（二）能源体系：向"清洁低碳、安全高效"加速迈进

改革开放以来，能源发展爬坡过坎，奋力前行，始终朝着
"构建清洁低碳、安全高效的能源体系"的目标迈进。

按照2018年全国能源工作会议提供的数据，2017年我国能源
生产总量达36亿吨标准煤，其中非化石能源占17.6%，比2012年
提高6.4个百分点；截至2017年底，发电装机容量达17.7亿千
瓦，其中非化石能源发电装机占比达38.1%，比2012年提高9.6
个百分点，是历史上增长最快的时期。

绿色多元的能源供应体系逐步建立。截至2017年底，我国可
再生能源发电装机容量达到约6.56亿千瓦，新增装机规模占全球
增量的40%左右；水电、风电、太阳能发电装机和核电在建规模
稳居世界第一；清洁能源消纳难题得到明显缓解，2017年全国水
能利用率达95%，弃风率和弃光率同比分别下降6.7个和3.8个百
分点，非化石能源发展领跑全球。

化石能源清洁开发利用取得成效。全面启动并累计实施煤电机
组超低排放改造6.4亿千瓦，节能改造约5.3亿千瓦；我国大气污
染物排放指标跃升至世界先进水平，形成了世界最高效、清洁的煤
电系统；2017年天然气产量约1500亿立方米，比2012年增长
36%，从世界第十八位上升至第六位。

煤炭去产能、防范化解煤电产能过剩风险取得阶段性成果。2017 年淘汰、停建、缓建煤电产能超过 5000 万千瓦；新增煤电装机规模比 2016 年减少 400 万千瓦；煤电建设投资同比下降 25%。

能源消费结构实现重大转型。党的十八大以来，我国煤炭消费比重累计下降 8.5 个百分点，是历史上降幅最大的时期。2017 年，非化石能源和天然气消费比重分别达到 14.2% 和 7%，累计提高 4.5 个和 2.2 个百分点；电能替代量达 1000 亿千瓦时以上，天然气替代量达 300 亿立方米，清洁能源消费比重大幅提升。以传统能源清洁利用、提升能源利用效率为重点，从限制劣质煤到促进煤炭清洁高效利用，从工业领域节能减排到民用散煤治理，在降低能源消耗强度上打出一系列组合拳，推广应用 296 项重大节能技术，供电煤耗累计下降 14 克标准煤每千瓦时，单位 GDP 能耗累计下降 20.7%，能源利用效率不断提高。

（三）国际合作："走出去"得以全方位拓展

我国国际能源合作全方位拓展，围绕重点国家和地区开展国际产能合作，优化能源贸易结构，加强基础设施互联互通，积极参与全球能源治理，着力加强开放条件下的能源安全保障工作。

在油气合作领域。我国积极推进中亚—俄罗斯、中东、非洲、美洲和亚太五大油气合作区开发建设，与周边国家已基本形成东北、西北、西南、海上四大油气输送通道格局和油气上下游产业链深层次全面合作模式，跨国油气管道安全稳定运营机制进一步稳固，通道安全可靠运输能力得到提升。

在核电合作领域。国家电投在目标市场——南非、土耳其等国

家和地区，开展了技术交流、竞标备战、人才培养工作，为CAP1400"走出去"搭桥铺路。落地海外的首堆——巴基斯坦"华龙一号"项目进展顺利，为下一步国际布局打下良好基础。

在可再生能源领域。目前我国风机已经遍布了全球28个国家。国内风电企业还积极参与海外风电项目的投资，引入国外一流的技术、标准和经验，为国内风电企业发展提供参考。光伏企业在海外的投资已经遍布20多个国家和地区。

在参与国际能源治理方面。我国不断深化双边、多边能源合作，不断扩大在国际能源事务中的话语权和影响力。启动了中国—东盟清洁能源能力建设计划，推动成立中国—阿盟清洁能源中心和中国—中东欧（16＋1）能源项目对话与合作中心。从2015年开始，我国举办"国际能源变革论坛"，积极推动全球绿色发展和治理。尤其是G20杭州峰会前夕，中国率先批准《巴黎协定》，承诺在应对气候变化问题上做出努力，对加快该协定的早日生效起到了决定性的作用。

二 未来能源发展：向构建新时代能源体系迈进

新时代开启新征程，本报告将当前至2050年的能源发展划分为三个阶段，即能源结构优化期、能源结构过渡期、能源体系定型期①。

---

① 谢克昌：《推动能源生产和消费革命战略研究》，科学出版社，2017。

（一）2020年：能源结构优化期

党的十九大报告明确提出要推进能源生产和消费革命，构建清洁低碳、安全高效的能源体系。"十三五"时期是全面建成小康社会、实现我党确定的"两个一百年"奋斗目标的第一个百年奋斗目标的决胜时期，也是能源革命发力提速、实现能源结构优化的关键时期。到2020年，能源消费总量控制在50亿吨标准煤以内，非化石能源占一次能源消费总量的比重达到15%左右，单位国内生产总值二氧化碳排放量比2005年下降40%～45%[①]。具体来说，在解决清洁能源消纳问题方面，多措并举，推动弃水弃风弃光电量和限电比例逐年下降，到2020年在全国范围内基本解决这个问题。在推进煤炭清洁高效利用方面，到"十三五"末，争取电煤比重提高到55%左右，现役燃煤发电机组经改造平均供电煤耗低于310克标准煤每千瓦时，30万千瓦级以及具备条件的燃煤机组全部实现超低排放。此外，要依法依规淘汰关停不符合要求的30万千瓦以下煤电机组，到"十三五"末，全国要完成取消和推迟煤电建设项目约1.5亿千瓦，淘汰煤电落后产能2000万千瓦，煤电装机占比降至约55%。

（二）2030年：能源结构过渡期

中国国家自主贡献文件《强化应对气候变化行动——中国国

[①] 国家能源局：《能源发展"十三五"规划》，http：//www.ndrc.gov.cn/zcfb/zcfbtz/201701/t20170117_835278.html。

家自主贡献》提出，我国二氧化碳排放 2030 年左右达到峰值并争取尽早达峰；单位国内生产总值二氧化碳排放比 2005 年下降 60%~65%，非化石能源占一次能源消费总量的比重达到 20% 左右①。为更好地践行我国应对气候变化国际承诺，我国能源结构未来必将向绿色低碳和高效利用转型发展。政策驱动产业结构的调整，工业比重将较大幅度下降，工业能耗增长率大幅地下降，低碳的清洁能源和可再生能源的比重大幅度提高，并不断替代煤炭和石油消费。政府的节能环保规定和 CO_2 减排政策得到贯彻落实，还将推动能源效率的提高，随着科技不断进步，节能技术得以发展，能源强度将会不断下降。

预计 2020~2030 年期间，我国能源结构进一步优化，化石能源特别是煤炭在一次能源消费中的占比进一步下降，天然气成为向清洁能源过渡的桥梁，非化石能源利用快速增长。预计到 2030 年我国能源消费总量在 60 亿吨标准煤以内，煤炭在一次能源消费中的占比下降到 50% 以下，至 49.7%；天然气将迎来快速发展，占一次能源消费的比重达到 13.8%；石油消费占比降至 16.5%。

（三）2050年：能源体系定型期

本报告采用情景分析法预测 2050 年我国能源需求，具体如下。

情景一：天然气与非化石能源主导情景

设定条件：能源革命战略得到切实有效执行。其间，可再生能

---

① 《强化应对气候变化行动——中国国家资助贡献》，http：//www.gov.cn/xinwen/2015-06/30/content_2887330.htm。

源、核能发展力度加大，非化石能源生产技术取得大幅进展，成本大幅下降，占一次能源消费比重过半；去煤化力度进一步加大，非化石能源大幅替代煤炭；天然气的管网及储气设施不断完善，定价实现市场化，带来消费需求的大幅增长，工业领域消费量大幅增长；汽车产销量保持增长，电动汽车生产技术取得进展，按照规划目标发展，电动汽车占汽车拥有量的比例上升。共享交通和自动驾驶快速发展。

（1）总量预测

目前高耗能产品的蓄积量陆续达峰，工业用能有望在"十三五"期间显著回落。其中，钢铁和水泥产量在"十三五"期间有可能达到峰值。工业用能将在 2020～2030 年开始下滑。中国人均GDP 将在未来 10 年内（到 2027 年）从 8100 美元增长至 12900 美元。人均 GDP 超过 12475 美元标准即可称为高收入国家。据此判断，中国将于 2027 年步入高收入国家行列。国际经验表明，大部分发达国家人均 GDP 超过 1.5 万～2 万美元后，商业部门人均能源消费开始下降。按此估计，中国将在 2020～2030 年实现商业部门能耗达到峰值。若能大力推动建筑节能水平提升，中国商业部门人均能耗应该能低于美国、日本等发达国家水平。

我国家庭能源消费量远低于发达国家的水平。从绝对量来看，我国居民 2012 年生活用能是美国居民 2009 年生活用能的 44%，是欧盟 27 国 2008 年生活用能的 38%。中国居民生活用能方式较为节约，人均能耗低，在能效水平不断提升的条件下，未来人均生活用能水平预计将低于发达国家。

交通部门能耗在较长时期内维持增长。国际经验显示，发达国

家交通能耗普遍在人均 GDP 达到较高水平时达到饱和。考虑到中国人口基数过大，不可能完全参照发达国家人均能耗来判断中国的交通能源消费，从而采用"借鉴而不看齐"思路。结合中国实际，中长期内大力发展共享交通和交通节能降耗技术，以尽可能降低能耗是现实选择。

依据《能源生产和消费革命战略（2016～2030）》提出坚决控制能源消费总量发展思路，到 2050 年能源消费总量保持平稳的目标，设定 2050 年一次能源消费总量为 60 亿吨标准煤。

本报告未将 2030 年的能源消费量视为我国能源消费峰值。理由是到 2030 年，按预测人口 14.3 亿计算，人均能源消费仅为 3.7 吨标准煤/年，远低于 OECD 国家多年来 6 吨标准煤/年的人均能源消费水平。分析 OECD 国家与非 OECD 国家的能源消费数据可以发现，前者之间人均能源消费水平虽有一定程度差异，但总体普遍高于后者。鉴于此，本报告认为 2030～2050 年我国能源消费应该还有增长的空间，同时依据《能源生产和消费革命战略（2016～2030）》坚决控制能源消费总量的基本精神，将 2050 年能源消费最高目标设定为 60 亿吨标准煤（见图 1）。

（2）能源消费结构预测

综合运用移动平均以及弹性系数法等方法，预测 2050 年煤炭、石油、天然气消费量分别为 13 亿吨、8 亿吨和 9 亿吨标准煤，占一次能源消费总量的比例分别为 22%、13% 和 15%（见图 1）。

非化石能源发展目标的制定参照《能源生产和消费革命战略（2016～2030）》，石油需求数据为参照 2030 年石油需求达峰值 7 亿吨之后开始平稳下降的预测值，天然气需求假设中国到 2050 年人

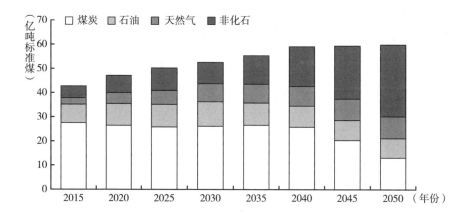

图 1　我国能源需求预测

均天然气消费量达到 2015 年全球人均天然气消费 500 立方米的水平。天然气目标的预测和设定同时参考了《能源生产和消费革命战略（2016～2030）》文件中对 2030 年天然气发展目标的规划以及近期发布的国家能源局等部门关于国家天然气管网发展的相关规划。具体如下：到 2030 年国内天然气产量达 3600 亿立方米，其中常规天然气 2300 亿立方米，页岩气 1000 亿立方米，煤层气 300 亿立方米；到 2025 年天然气管网里程达 16 万公里，管道气进口能力达 1500 亿立方米，LNG 进口能力达 1 亿吨，储气能力与调峰需求匹配。2050 年能源消费结构和 2030 年相比，最大的变化是非化石能源比重上升，煤炭比重大幅下降，石油比重略有下降。

情景二：煤炭偏好情景

该情景主要基于我国一次能源消费长期以煤为主的基本事实得出。其基本观点和设定的情景是未来我国能源消费依然要在很大程度上依靠煤炭，依靠天然气和新能源无法满足我国日益增长的能源

需求。至于消费煤炭所带来的环境污染问题，认为能够通过煤炭行业技术进步实现清洁化利用而得以解决。与此同时，该情景还认为到2050年我国的能源政策导向对于煤炭在电力以及化工中的应用总体有利。预计到2050年，一次能源消费规模达65亿吨标准煤，其中煤炭占35%，石油占18.5%，天然气占11%，非化石能源占35.5%（见图2）。

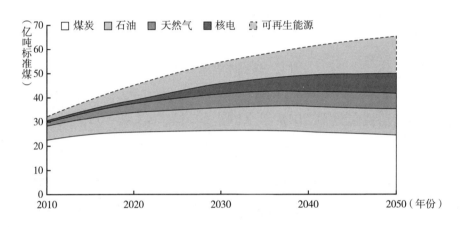

图2 我国一次能源需求预测

情景三：化石能源主导情景

设定条件：国家能源结构转型按照当前既定路线推进。交通领域变革力度较大，电动汽车在续航里程、电池储能、充电桩配置等方面取得重大突破，销量保持增长；汽车产销量保持一定程度增长，节能降耗水平提升。天然气在政策引导下处于较快发展水平，城镇化水平提升，享受天然气消费人口有较大幅度增长；核能发展受到限制，煤炭在一次能源消费中占比逐年下降。

（1）总量预测

综合考虑未来中国经济增长、人口数量及结构、产业结构演进及发展目标约束等多种因素，采用部门法和趋势外推法等方法预测，预计我国能源需求将于2040年、2050年分别达到56.3亿吨标准煤和56.8亿吨标准煤。

（2）能源消费结构预测

当前至2050年能源结构调整逐渐加速。煤炭长期以来一直是我国的主力能源，但目前其地位正在受到削弱。在一系列"去煤化"政策的推动下，煤炭在一次能源消费中的占比持续下降，2015年煤炭在一次能源消费中占比为64.1%，之后持续下降，我国煤炭消费的峰值已经出现。

预计到2040年、2050年煤炭在一次能源消费中的占比将分别降至27.6%和31.7%，石油、天然气在一次能源消费中的占比也将出现下降，非化石能源占比提高。石油的消费峰值预计将在2025～2030年出现。预计到2050年，石油、天然气、非化石能源在一次能源消费中的占比分别为14.1%、13.4%和40.8%（见图3）。

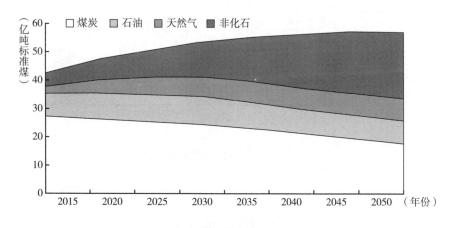

图3　我国能源需求预测

（四）三个情景之下我国2050年能源需求总量及结构

综合上述三种情景分析结果可以发现，随着我国能源生产和消费革命战略的逐步推进，当前至 2050 年一次能源消费总量总体呈缓慢增长态势，煤炭在一次能源消费总量中的比重逐步下降，石油稳步发展，天然气将被逐步打造为主体能源，非化石能源特别是可再生能源消费在一次能源消费中的比重快速增加，能源体系将逐步定型（见图 4）。但在具体的能源消费结构及总量上还有不一致的观点，本报告建议 2050 年中国能源需求预测采用化石能源主导情景（情景三），主要考虑因素为我国能源资源禀赋特点，认为化石能源尤其是煤炭作为我国主体能源的地位在未来较长一段时间内很难改变。

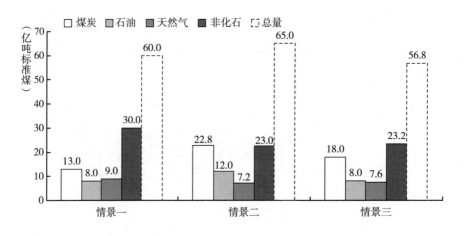

图 4　三种情景预测的 2050 年能源需求

三　近中期能源工作重点

一是加快建立现代能源市场体系。在 2020 年前全力推进价格改革，帮助各类能源明晰市场定位。在 2030 年前基本建立能源市场化机制；在 2030 年后推动能源价格市场化机制完全建立，以市场化机制支持可再生能源快速发展，确保单位能源综合利用成本基本保持稳定。

二是以绿色低碳为方向，全面提高能源科技水平，促进产业提质增效。通过发挥市场竞争，推动优胜劣汰，淘汰落后产能，组织风电平价上网示范，鼓励光伏发电竞争性配置资源，进一步提高"光伏领跑者"项目技术要求，积极推动可再生能源成本降低。加强能源系统调峰能力建设，加快大型抽蓄电站、天然气调峰电站建设，依托市场化机制加快储气、储油设施建设，积极研发储能技术；稳步推进既有热电联产机组、燃煤发电机组调峰灵活性改造。加强传统能源领域科技进步，积极探索"互联网＋"智慧能源系统建设，支持多能互补集成优化示范项目，大幅度提高能源系统效率。

三是健全新能源行业管理体系，确保实现又好又快发展。不断完善可再生能源、绿色电力证书自愿认购交易制度，鼓励全社会开展绿色电力证书自愿认购，适时启动可再生能源配额考核和绿色证书强制约束交易，加快推动体制机制改革，完善可再生能源规模化并网运行的电力调度体制机制，协调完善风电和光伏发电价格政策，落实上网电价、退出机制，确保实现风电 2020 年平价上网，光伏发电 2020 年用电侧平价上网的目标。

四是把握好新能源发展节奏，提高新能源利用水平。全面推进煤炭全产业链的清洁高效可持续开发利用，严格执行煤电审批。稳定石油产量，加快退出低效石油开采。在有稳定气源保障的前提

下，加快天然气产业发展，努力打造其主体能源地位。建立健全风电和光伏发电投资监测、预警及评价体系，严格限制弃风弃光地区新增项目建设，引导总体开发布局。风电红色预警地区不得核准新建风电项目和光伏发电评价结果为红色的地区，原则上当年暂不下达年度新增建设规模，严禁以先建先得等方式变相扩大光伏发电建设规模。

参考文献

［1］谢克昌：《推动能源生产和消费革命战略研究》，科学出版社，2017。

［2］国家能源局：《能源发展"十三五"规划》，http：//www.ndrc.gov.cn/zcfb/zcfbtz/201701/t20170117_ 835278.html。

［3］《强化应对气候变化行动——中国国家资助贡献》，http：//www.gov.cn/xinwen/2015－06/30/content_ 2887330.htm。

［4］中国科学院能源领域战略研究组：《中国至2050年能源科技发展路线图》，科学出版社，2009。

［5］ETRI：《2050年：世界与中国能源展望（2017版）》，http：//www.escn.com.cn/news/show－452745.html。

［6］BP集团：《BP Energy Outlook（2017）》，https：//www.bp.com/en/global/corporate/energy－economics/energy－outlook.html。

［7］国家能源局：《能源生产和消费革命战略（2016～2030）》，http：//www.ndrc.gov.cn/zcfb/zcfbtz/201704/t20170425_ 845284.html。

市 场 篇

Market Reports

国际油价走势回顾与展望

王 佩[*]

摘 要： 2017 年，在欧佩克与非欧佩克联手减产、石油需求强劲增长的背景下，全球石油市场再平衡真正开启，主要国家石油库存逐步回落，国际油价反弹至三年来最高水平。2018年，产油国决定将减产协议延长至年底，全球石油需求前景和美国页岩油增产前景将是决定 2018 年供需平衡的关键。与此同时，全球地缘政治动荡局势加剧，宏观经济和金融市场面临的风险增加，也使得 2018 年石油市场面临一定的不确定性。预计，2018 年全球石油市场总体维持紧

---

* 王佩，经济学博士，中国国际石油化工联合有限责任公司市场战略部副总经理（主持工作）。

平衡，国际油价运行区间较 2017 年上移，Brent 油价多数时间在 50～70 美元/桶区间波动，均价预计为 60 美元/桶左右。从中长期来看，2020 年之前国际油价多数时间有望在 60～80 美元/桶区间波动，2020 年之后油价走势仍有待观察，但预计难以突破 100 美元大关。

关键词： 国际油价　再平衡　去库存　地缘政治

一　2017年国际油价呈现震荡上扬走势

（一）基准油价格创三年来最高水平

2017 年国际油价呈现前低后高、震荡上扬走势，运行区间较 2016 年抬升。从基准油价格来看，2017 年 Brent 原油价格多数时间在 45～65 美元/桶区间波动，全年均价为 54.74 美元/桶，较 2016 年均价上涨 9.61 美元/桶，涨幅为 21.3%，创三年来最高水平。Brent 价格最低点为 6 月 21 日的 44.82 美元/桶，最高点为 12 月 29 日的 66.87 美元/桶，年度波幅接近 50%。2017 年 WTI 原油价格多数时间在 40～60 美元/桶区间波动，全年均价为 50.85 美元/桶，同比上涨 7.38 美元/桶，涨幅为 17.0%，也创三年来最高水平。WTI 价格全年最低点为 6 月 21 日的 42.53 美元/桶，最高点为 12 月 29 日的 60.42 美元/桶，即 2017 年最后一个交易日突破 60 美元/桶大关，年度波幅 42%。此外，在中东产油国减产的带动下，2017

年 Dubai 现货价格走强，全年均价为 53.14 美元/桶，同比大涨 28.3%，涨幅高于 Brent 价格和 WTI 价格。2017 年基准油价格走势见图1。

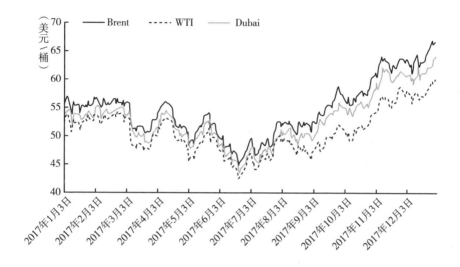

图1 2017 年基准油价格走势

数据来源：路透社，Platts，Unipec Research & Strategy（URS）。

（二）基准油价格结构与价差发生重要变化

从价格结构来看，在全球去库存的带动下，主要基准油价格结构发生反转，Brent、WTI、Dubai 三大基准油均从前低后高的 Contango 结构转变为前高后低的 Backwardation 结构，价格结构显著趋强。从主要基准油价差来看，2017 年美国原油产量快速增长、墨西哥湾飓风等因素对 WTI 价格构成抑制，北海油田检修、主要输油管道中断则对 Brent 价格构成较强支撑，推动 2017 年全年 WTI/Brent 平均价差拉宽至 -3.87 美元/桶，从绝对值来看，较

2016 年拉宽 2.16 美元/桶（见图 2）。此外，OPEC 减产抽紧中东原油产量和出口量，对中东原油价格形成较强支撑，推动轻重质、高低硫原油价差大幅收窄，2017 年 DTD Brent/Dubai 年均价差收窄至 1.13 美元/桶，较 2016 年收窄 1.29 美元/桶，部分时段二者价格甚至出现倒挂（见图 3）。

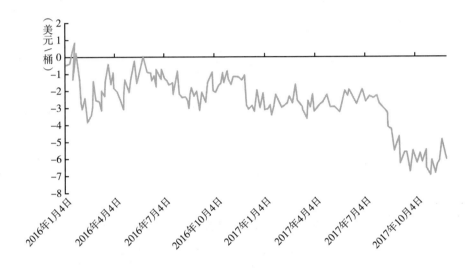

图 2　WTI/Brent 价差走势

数据来源：路透社，Platts，Unipec Research & Strategy（URS）。

（三）原油现货市场显著走强

受 OPEC 与非 OPEC 联手实施减产的影响，2017 年全球石油供应量削减，现货市场大幅抽紧，中东原油官价和西非原油贴水呈现大幅上涨的态势，显著抬高了中国等主要消费国的进口成本。沙特轻油官价贴水由 2016 年 1 月的基准价 -1.4 美元/桶上涨至 2017 年 12 月的基准价 +1.25 美元/桶（见图 4），带动伊朗、伊拉克、阿

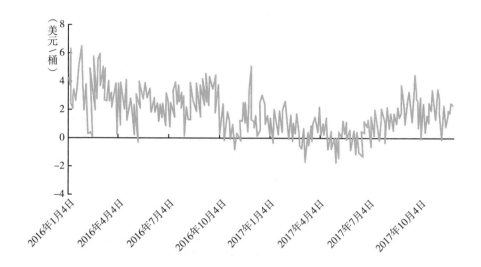

图3　DTD Brent/Dubai 价差走势

数据来源：路透社，Platts，Unipec Research & Strategy（URS）。

联酋、科威特、卡塔尔等多个产油国官价整体上涨。此外，2017年我国新力量炼厂①获得近1亿吨进口配额，在西非、北海等地采购十分活跃，也显著抬升了现货市场贴水。西非杰诺原油贴水由2016年1月的 -4.6 美元/桶上涨至2017年12月的 -1.1 美元/桶，创三年来的最高水平（见图5）。

（四）裂解价差和炼油毛利表现强劲

2017年全年，在全球强劲的石油需求带动下，全球成品油库存总体下降，加之中东等地炼厂事故频发，非洲、拉美主要炼厂全年开工率低位运行，使得主要油品裂解价差和全球三大炼油中心炼

---

① 新力量炼厂（China New Force Refinery），即通常所说的地方炼厂、民营炼厂、茶壶炼厂等。

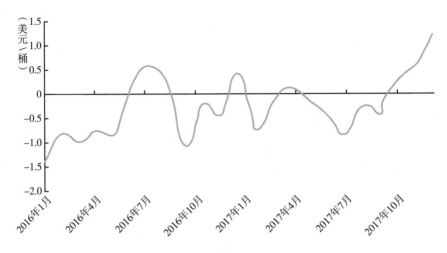

图4 沙特轻油官价走势

数据来源：路透社，Platts，Unipec Research & Strategy（URS）。

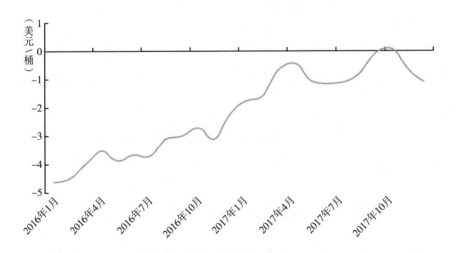

图5 西非杰诺原油贴水走势

数据来源：路透社，Platts，Unipec Research & Strategy（URS）。

油毛利表现强劲，较 2016 年出现不同程度的反弹。分品种来看，2017 年柴油、航煤等中质馏分油裂解价差整体趋强，汽油裂解价差有所回落，石脑油裂解价差表现坚挺。结合路透社数据测算，2017 年美国墨西哥湾炼厂加工 WTI 原油毛利平均为 12.57 美元/桶，较 2016 年平均水平大幅反弹 52.5%；此外，欧洲炼厂加工 Brent 原油平均炼油毛利为 6.59 美元/桶，同比提高 33.7%；亚洲炼厂加工迪拜原油平均炼油毛利为 7.09 美元/桶，同比提高 15.8%，维持在近年来的较高水平上（见表 1）。

表 1　全球三大炼油中心复杂型炼厂加工收益

单位：美元/桶

年份	美湾（WTI）	美湾（Brent）	西北欧（Brent）	新加坡（Dubai）
2008	6.28	6.94	8.29	6.13
2009	4.25	2.87	3.47	3.63
2010	4.15	2.16	2.80	4.59
2011	18.18	-0.67	3.29	8.27
2012	22.13	2.14	6.85	7.47
2013	13.17	0.17	3.98	6.13
2014	10.23	2.32	4.55	5.76
2015	18.61	14.26	7.14	7.72
2016	8.24	6.06	4.93	6.12
2017	12.57	7.44	6.59	7.09

数据来源：路透社，Platts，Unipec Research & Strategy（URS）。

二　2017 年石油市场再平衡开启

2017 年全球石油市场再平衡真正开启，全球供应、需求、库存、贸易等表现出诸多特点。

（一）石油需求强劲增长，欧洲成为需求亮点

2017 年以来，世界经济复苏动能显著增强，全球主要经济体经济同步复苏，国际货币基金组织（IMF）连续四次上调全球 GDP 增长率。在宏观经济的带动下，全球石油需求维持了过去两年来的强劲增长。国际能源署（IEA）预计，2017 年世界石油需求同比增长 150 万桶/日，高于过去 20 年年均 120 万桶/日左右的增幅。从主要国家看，2017 年欧洲经济全面复苏，全年 GDP 增速有望达到 2.2%，为金融危机以来新高。在经济增长的带动下，欧洲石油需求同比增长 30 万桶/日，远超出市场预期，增幅创金融危机以来的最高水平，成为全球石油需求的最大亮点。从主要品种来看，在工业活动趋强、基建投资等的拉动下，2017 年柴油取代汽油成为世界石油需求增长的主要拉动力量，欧洲、美国、中国等多个国家和地区的柴油需求增长超出预期。据统计，2017 年全球柴油需求同比增长 55 万桶/日，占世界石油需求增量的 1/3 以上，远高于过去两年的需求增量；受电动车等使用替代能源的影响，2017 年世界汽油需求不温不火，同比增长不到 30 万桶/日，仅相当于过去两年平均水平的一半，创 2011 年以来最低水平。

（二）产油国减产履约率创新高，全球原油供应总体下降

2017 年 1 月，OPEC 与非 OPEC 开始执行 15 年来达成的首个减产协议，全年联合减产履约率高达 85%，为 20 多年来减产执行最好的一次。结合实际数据来看，在沙特大规模减产的带动下，2017 年 OPEC 参与减产的 11 个国家平均原油产量为 2977 万桶/日（见图 6），

较减产基数下降 120 万桶/日，减产履约率高达 100%，部分月份甚至实现超额减产，是 20 多年来 OPEC 执行效果最好的一次。非 OPEC 中参与减产的几个国家（俄罗斯、哈萨克斯坦、墨西哥等）实际产量下降幅度为 33 万桶/日，减产履约率为 60%，低于 OPEC 减产履约率。需要注意的是，在上述国家减产的同时，美国（全年增产 40 万桶/日）、利比亚（全年增产 42 万桶/日）、加拿大（全年增产 28 万桶/日）等国大幅度增产，很大程度上抵消了产油国减产效果。从全球来看，2017 年全球原油总产量合计为 7900 万桶/日，比 2016 年下降 9 万桶/日，加上凝析油和天然气液（NGLs）之后，2017 年全球石油总产量为 9722 万桶/日，比 2016 年增加 37 万桶/日。

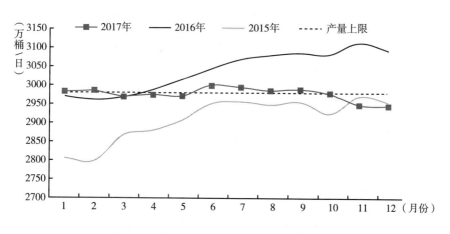

图 6　OPEC 参与减产的 11 个成员国的原油产量

数据来源：OPEC，Unipec Research & Strategy（URS）。

（三）石油市场再平衡真正启动，OECD 库存逐步下降

2014 年以来，OECD 原油库存逐步攀升至历史最高，低油价之下，去库存、再平衡成为石油市场关注的焦点议题。从实际情况来

看，2017 年是石油市场真正启动再平衡的第一年，全球海上和陆上石油库存稳步下降。据 IEA 统计，截至 2017 年 11 月底，OECD 商业石油库存降至 29.1 亿桶，比年初下降 1.6 亿桶左右，创 2015 年 7 月以来最低水平。尤其是四季度以来，美国、欧洲、新加坡等多个国家和地区去库存速度显著加快，再平衡加速。据美国能源信息署（EIA）统计，截至 2017 年 12 月末，美国商业石油库存降至 12.3 亿桶，比年初高点下降 1.4 亿桶，目前已低于 2015 年同期水平。此外，2017 年末欧洲 ARA（阿姆斯特丹、鹿特丹、安特卫普）地区油品总库存为 490 万吨左右，处于 3 年同期最低水平，比年初下降 188 万吨。年末新加坡总油品库存为 4500 万桶左右，相比一季度高点下降 840 万桶左右。尽管如此，但与五年平均水平相比，目前 OECD 库存仍比五年均值高出 1.2 亿桶左右（见图 7），2018 年仍需要继续消化库存，以推动其回归正常水平。

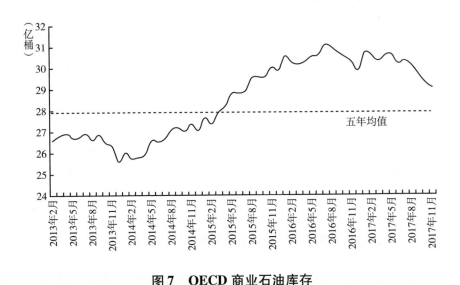

图 7　OECD 商业石油库存

数据来源：IEA，Unipec Research & Strategy（URS）。

（四）中国成为最大原油进口国，美国成为重要的出口国

2017 年，在新力量炼厂大举进口的带动下，我国原油进口继续保持较快增长，全年进口量为 4.2 亿吨（843 万桶/日），增幅高达 10.1%，维持了过去几年的原油进口高增长态势。从增量来看，2017 年 70% 左右的原油进口增量来自新力量炼厂。从横向比较来看，2017 年全年美国原油进口量预计为 791 万桶/日，意味着我国正式超越美国成为全球最大的原油进口国，引领全球原油贸易格局继续东移（见图 8）。

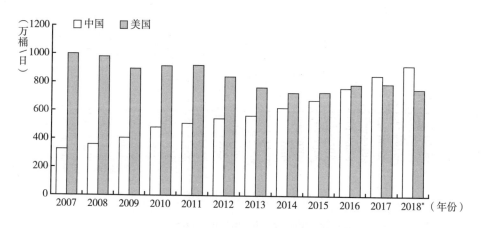

图 8 中国和美国原油进口量变化趋势

注：＊表示预测值。

数据来源：中国海关，EIA，Unipec Research & Strategy（URS）。

此外，2015 年底，美国解除长达 40 年的原油出口禁令，伴随着近年来原油产量增长和出口基础设施不断改善，美国原油出口量呈现快速增长态势。2016 年美国原油出口量为 52 万桶/日，2017 年全年出口量预计为 108 万桶/日，同比大增 56 万桶/日。尤其是 9

月飓风季之后，随着 WTI/Brent 价差拉宽，美国原油出口量大幅攀升，单周原油出口量一度突破 200 万桶/日大关（见图 9）。美国已成为美洲地区第五大原油出口国，世界第 14 大原油出口国。从出口流向来看，2017 年亚太取代加拿大成为美国原油出口的第一大目的地，这意味着美国与亚太各国的能源贸易合作取得实质性进展，也将引领全球原油贸易格局发生重要调整。

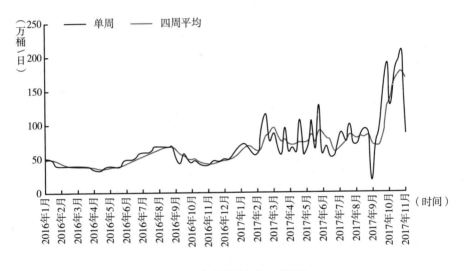

图 9 美国原油出口情况

数据来源：EIA，Unipec Research & Strategy（URS）。

三 2018年国际油价波动区间继续上移

（一）2018年宏观经济向好，但风险犹存

距离上一次金融危机已过去整整十年，十年来，全球主要经济

体已逐步恢复增长动能。从当前形势来看，主要机构对2018年世界经济增长预期都较为乐观。国际货币基金组织预计，2018年全球GDP增速有望达到3.7%，是金融危机以来的最高水平（见图10）。从主要经济体来看，在减税、基建投资等带动下，2018年美国经济有望继续维持较强的增长动能；2018年欧元区或延续2017年以来的复苏态势；我国经济仍然维持稳中向好增长态势；印度2018年或重新步入快速增长轨道，经济增速有望达到7.4%。此外，2017年以来，随着大宗商品市场价格回升，俄罗斯、巴西、沙特等国的经济将恢复增长动能，预计2018年经济增速将进一步回升。需要说明的是，尽管预期乐观，但部分风险同样不容忽视，如全球贸易保护主义日渐升温、金融风险继续聚集、敏感地区地缘政治局势日趋紧张等。

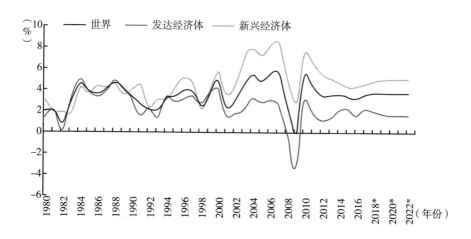

图10　全球GDP增长率

注：＊表示预测值。

数据来源：IMF《世界经济展望》，Unipec Research & Strategy（URS）。

（二）全球石油市场供需总体维持紧平衡

从需求来看，在经济增长的推动下，2018年全球石油需求有望保持良好增长势头，但由于国际油价抬升，需求增量可能有所放缓。据国际能源署预计，2018年全球石油需求增量为130万桶/日，比2017年低20万桶/日，同比增幅为1.4%，其中非OECD国家仍然是拉动全球石油需求增长的主要力量，尤其包括中国、印度在内的亚太新兴经济体石油需求继续保持强劲增长，其中中国表观石油需求预计增长40万桶/日，印度需求有望扭转2017年颓势，增长30万桶/日，中东地区需求增长20万桶/日；OECD国家需求增长有所放缓，其中美国石油需求增幅放缓至10万桶/日，欧洲需求小幅增长，韩国需求基本持稳，日本需求则进一步下滑。分品种看，2018年全球成品油需求将呈现"柴强汽稳"态势，受中、印、美等国基建拉动，2018年全球柴油需求有望增长48万桶/日，增幅较2017年略有回落，但仍维持在较高水平；汽油需求有望增长30万桶/日左右，较2017年稳中略增。全球石油市场供需情况见图11。

从供应来看，OPEC产油国减产协议延长至2018年底，利比亚与尼日利亚也分别设定了100万桶/日和180万桶/日的产量上限，预计2018年OPEC供应基本持稳，非OPEC供应增长成为影响全年供应的关键因素。预计2018年非OPEC供应同比增量为120万桶/日，略低于需求增量，将推动全球石油库存继续消化，但去库存态势较2017年有放缓。非OPEC主要产油国中，"大美湾"① 主要产油国仍是

---

① "大美湾"是指以美国墨西哥湾为中心，包括加拿大、墨西哥和拉美等在内的整个美洲地区。

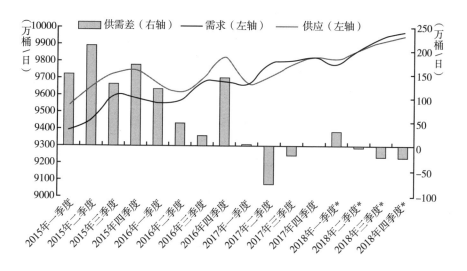

图11　全球石油市场供需情况

注：＊表示预测值。

数据来源：IEA, Unipec Research & Strategy（URS）。

2018年供应增长的主要力量，预计2018年美国、加拿大和巴西原油产量分别同比增长70万桶/日、30万桶/日、20万桶/日，合计将占到全球供应增量的80%左右，尤其美国原油产量有望大增70万桶/日，在2018年上半年突破1000万桶/日大关，刷新历史最高水平。

（三）全球炼油毛利总体维持相对健康水平

从炼油业来看，2018年，全球石油需求增长有望继续支撑炼油毛利维持良好水平，炼油业仍处在景气周期。值得注意的是，2018年全球将迎来新一轮炼厂集中投产高峰，预计全年新增炼能145万桶/日，为最近四年来的最高水平（见图12）。但结合主要项目来看，多数新增炼能于2018年四季度甚至年底投产，对2018年全年炼油毛利影响有限。2018年伊朗"波斯湾之星"炼厂

（1800 万吨）于四季度投产，我国浙江石化一期（2000 万吨）、恒力石化（2000 万吨）也有望于四季度投产，届时或对亚太地区炼油毛利构成一定压力，也使得亚太地区原油资源竞争更加激烈。

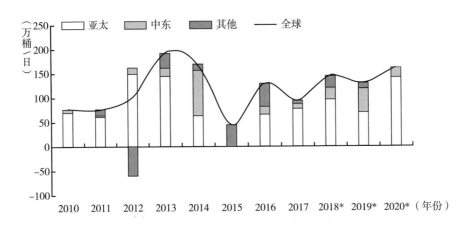

图 12　全球新增炼能变化

注：＊表示预测值。

数据来源：IEA，Unipec Research & Strategy（URS）。

（四）我国保持最大原油进口国地位，美国原油出口增长

2018 年，商务部既定的我国原油非国营贸易进口允许量为 14242 万吨，其中第一批非国营进口原油 12132 万吨，相比 2017 年第一批高出近 4000 万吨。考虑到非国营贸易配额增加，云南炼厂、惠州炼厂等项目开工率逐步提高，以及四季度浙江石化、恒力石化投产等因素，预计 2018 年全年我国原油进口仍将保持较快增速，继续巩固全球最大原油进口国地位。

2018 年，美国国内原油出口基础设施有望得到显著改善，一方面，Permian Express、South Texas Gateway 等多条管线投产，有助于

缓解美国中西部至墨西哥湾的运输瓶颈；另一方面，2018 年初，墨西哥湾海上原油码头 LOOP 即将开始反输，反输后 LOOP 可直接通过 VLCC 出口原油，预计每月可出口 1~2 艘 VLCC，届时将打开美湾通过 VLCC 直接出口的大门，也将促进美国原油出口继续增长。

总体而言，在全球经济增长预期乐观、石油市场供需紧平衡的背景下，预计 2018 年国际油价波动区间继续上移，Brent 油价多数时间在 50~70 美元/桶区间波动，均价预计为 60 美元/桶左右。如果 2018 年沙特阿拉伯地缘政治局势恶化，油价可能短期内大幅攀升；如果朝核局势失控甚至引发战争，国际油价可能大幅下挫。从基准油价差来看，2018 年化工毛利仍然强劲，加之北海市场继续抽紧，预计 DTD Brent/Dubai 价差较 2017 年整体水平拉宽；2018 年美国原油出口将继续增长，WTI/Brent 宽价差局面仍将维持。

四 中长期国际油价维持区间波动

从历史发展来看，1983 年纽约商业交易所（NYMEX）推出 WTI 原油期货，1988 年伦敦洲际交易所（ICE）推出 Brent 原油期货，目前两大原油期货都已经经历了 30 年左右的发展历程。从 30 多年来的油价走势来看，国际油价最低时一度跌至个位数，最高时也曾飙升至 146 美元/桶，波动幅度剧烈。从近几年的走势来看，2014 年下半年以来，国际油价开启了新一轮断崖式下跌，Brent 油价一度跌至 28 美元/桶左右；2017 年以来，随着减产协议执行，国际油价逐渐反弹，目前 Brent 油价围绕 65 美元/桶上下波动，大体处在 30 年来的中间水平（见图 13）。

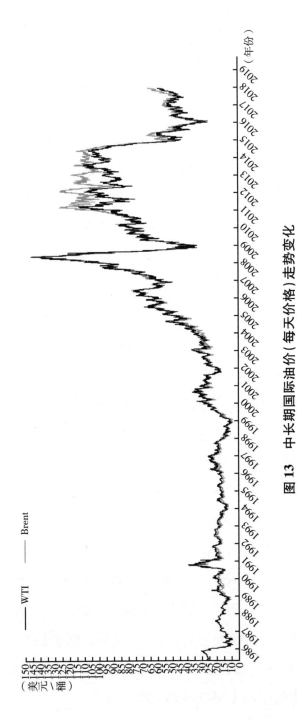

图 13　中长期国际油价（每天价格）走势变化

数据来源：路透社，Unipec Research & Strategy（URS）。

从中长期来看，2020 年之前，三大重要因素将影响国际油价走势。

一是美国页岩油仍具备较大的增产潜力，仍将带动世界供应持续增长，使得中长期内全球石油供需形势总体宽松。

二是全球能源转型加速，低碳、环保等理念深入人心，电动车、清洁能源等对传统能源的替代在加速，未来全球石油需求增速或进一步放缓。

三是新兴经济体的"领头羊"——中国的经济由高速增长转变为中高速增长，对大宗商品的需求增速也显著放缓，而另一大新兴经济体印度无论是从经济社会发展还是从需求体量等各方面都难以复制中国故事，全球大宗商品爆发新一轮上升周期的可能性较低。

综合上述分析，未来两三年内国际油价仍维持中间波动的可能性较大，Brent 油价多数时间或在 60~80 美元/桶区间波动，这也有望成为国际石油市场再平衡之后的价格区间；2020 年后国际油价走势存在一定的不确定性，但预计仍难以突破 100 美元/桶大关。

参考文献

［1］International Monetary Fund（IMF）："World Economic Outlook 2017"，October 2017.

［2］International Energy Agency（IEA）："Monthly Oil Market Report"，December 2017.

［3］王佩、李涵：《炼油重心东移将引发市场争夺日趋激烈》，《中国石化报》2016 年 12 月 16 日。

B.5
世界成品油需求现状与展望

刘文卿*

摘　要： 2017 年，在全球经济形势向好的拉动下，世界成品油需求强劲增长，总量达到 6121 万桶/日，同比增长 105 万桶/日，较 2016 年大幅提高；2018 年世界成品油需求有望继续保持较高增速，美洲仍是全球第一大成品油消费地区，亚太是世界第二大成品油消费地区，也是拉动需求增长的主要动力。从中长期来看，受燃油效率提高和替代能源影响，世界成品油需求增长放缓，发达国家需求稳中趋降，主要增长动力来自中国、印度、中东、非洲等地。分品种来看，柴油是世界成品油市场中需求量最大的油品，受油气业上游开采和基建需求拉动的影响，2017～2018 年柴油需求增长强劲，中长期增速将有所放缓。受替代能源影响，2017 年世界汽油需求不温不火，预计 2018 年稳中略增，中长期仍有望保持一定增长。相对于汽柴油，航煤需求规模偏小，但近年来需求增长较快，预计后市仍将维持高速增长。

关键词： 成品油　需求　汽油　柴油　航煤

---

* 刘文卿，中国国际石油化工联合有限责任公司。

一 世界成品油需求强劲增长，柴油成为需求亮点

（一）2017年世界成品油需求强劲增长

2017年，世界经济形势向好，经济增速达到金融危机以来最高水平。其中，美国、欧洲等发达国家和地区经济进一步复苏，中国、印度等新兴经济体经济稳步增长。在经济增长的带动下，2017年世界成品油需求强劲增长，汽油、柴油和航煤需求总量达到6121万桶/日，同比增加105万桶/日，比2016年增量提高63万桶/日，增速为1.7%，比2016年提高1.0个百分点，一改2016年增长乏力的局面（见图1）。

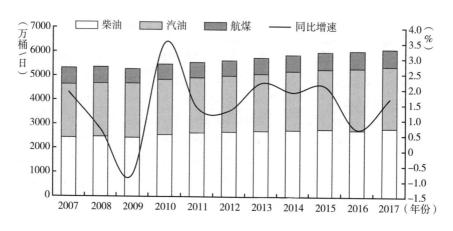

图1 世界成品油需求（分品种）

数据来源：IEA、EIA、METI、KNOC、PPAC、ARGUS、JODI、EDRI、中国国家统计局、Unipec Research& Strategy（URS）。

分区域来看，美洲仍然是世界成品油的最大消费地区，但占比继续下降。2017 年美洲成品油需求量为 2247 万桶/日，同比增加 15 万桶/日（见表 1），增量主要来自美国，占世界成品油需求总量的比例为 36.7%，比上年下降 0.4 个百分点。亚太是世界第二大成品油消费地区，也是拉动需求增长的主要动力，2017 年成品油需求量为 1870 万桶/日，同比大幅增长 55 万桶/日，占全球增量的 52.3%；其中，我国成品油消费增长显著提速，其他亚太发展中国家需求继续增长，但印度受货币改革和增值税改革等影响，需求增幅不及预期，日本、韩国等发达国家需求则稳中趋降。得益于良好的经济形势，2017 年欧洲成品油需求强势增长，同比增量达到 23 万桶/日。前苏联和中东国家经济受到油价反弹支撑，成品油需求回暖。非洲国家成品油需求继续稳步增加。

表 1　世界成品油需求现状

单位：万桶/日，%

地区＼年份	2007	2008	2009	2010	2011	2012	2013	2014	2015	2016	2017	2017 年份额
美　洲	2136	2096	2048	2111	2116	2114	2156	2202	2234	2232	2247	36.7
欧　洲	1038	1041	1004	1005	982	957	956	954	984	997	1020	16.7
亚　太	1361	1389	1422	1512	1571	1641	1683	1717	1784	1815	1870	30.6
前苏联	224	241	225	236	248	246	249	268	268	277	280	4.6
中　东	330	346	363	367	382	399	422	426	409	395	396	6.5
非　洲	208	220	227	245	251	264	277	283	295	300	308	5.0
合　计	5297	5333	5289	5476	5550	5621	5743	5850	5974	6016	6121	100.0

（二）2018年世界成品油需求有望保持较高增速

2018 年，世界经济有望继续保持良好增长势头。发达国家方面，美国减税、制造业回流等将支撑该国 GDP 增长率进一步提高；欧元区经济有望继续保持稳健复苏。发展中国家仍将是世界经济增长的主要拉动力量，其中，中国经济继续稳中求进，印度经济增长回归正轨，前苏联、拉美和中东国家经济恢复增长。预计 2018 年世界成品油需求有望保持较高增速，需求总量将达到 6221 万桶／日，同比增长 100 万桶／日，增量略低于 2017 年。

分区域来看，美国成品油需求将保持增长，同时拉美地区成品油需求回升，有望拉动美洲成品油需求继续增长，增量有望高于 2017 年。亚太地区的中国、印度等发展中国家成品油需求继续强劲增长，但日本、韩国需求同比下降，使得亚太地区总体需求增量低于 2017 年。欧洲经济复苏带来的刺激效应将减退，成品油需求增长将显著放缓。前苏联和中东地区将继续享受油价回升红利，成品油需求增长提速（见图 2）。

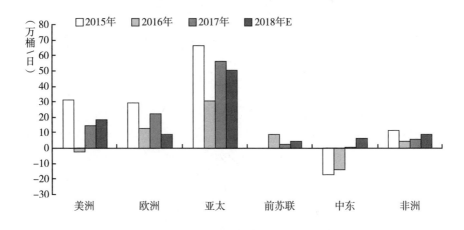

图 2　世界成品油需求增量情况（分区域）

注：E 表示预测，余同。

数据来源：IEA、EIA、METI、KNOC、PPAC、ARGUS、JODI、EDRI、中国国家统计局、Unipec Research & Strategy（URS）。

（三）中长期世界成品油需求有望继续增长，但增速放缓

根据 IMF 等机构预测，中长期世界经济发展前景良好，预计
2020～2025 年世界经济增长率有望保持在较高水平。经济增长、
人口增加、发展中国家工业化程度加深以及居民生活水平提高等
因素都将支撑全球成品油需求进一步增加。但与此同时，由于能
源利用效率继续提高，环保要求趋于严格，以及电力和 LNG 等替
代能源在运输领域得到大规模利用，成品油需求增速将有所放缓。
预计到 2020 年，世界成品油需求年均增量将维持在 100 万桶/日，
2015～2020 年年均增速为 1.4%。2020～2025 年，世界成品油需
求年均增幅将降至 90 万桶/日以下，年均增速将放缓至 1.2%
（见表 2）。

表 2　世界成品油需求展望

单位：万桶/日，%

年份 地区	实际			预测			年均增长率	
	2015	2016	2017	2018*	2020*	2025*	2015～ 2020*	2020～ 2025*
美　洲	2234	2232	2247	2268	2301	2339	0.6	0.3
欧　洲	984	997	1020	1029	1020	996	0.7	-0.5
亚　太	1784	1815	1870	1921	2039	2321	2.7	2.6
前苏联	268	277	280	285	294	300	1.9	0.4
中　东	409	395	396	403	424	472	0.7	2.2
非　洲	295	300	308	315	332	380	2.4	2.7
合　计	5974	6016	6121	6221	6410	6808	1.4	1.2

注：* 表示 Unipec Research & Strategy（URS）预测。

数据来源：IEA、EIA、METI、KNOC、PPAC、ARGUS、JODI、EDRI、中国国家统
计局、Unipec Research & Strategy（URS）。

2020 年后，各地区成品油需求将继续分化。美国、欧洲、日本、韩国等主要国家已经达到或接近成品油需求峰值，未来需求稳中趋降，预计 2020～2025 年成品油需求呈逐年减少态势。发展中国家和地区经济增长动能仍然强劲，成品油需求有望继续高速增长，主要增长动力来自中国、印度、中东、非洲。

二 世界柴油需求总体乐观，中长期维持增长

（一）2017年世界柴油需求强势反弹

柴油是世界成品油市场中需求量最大的油品，也是 2017 年世界成品油市场的最大亮点。在经历了 2016 年的低迷后，2017 年世界柴油需求强势反弹，需求总量达到 2818 万桶/日，同比大幅增长 55 万桶/日，增速为 2.0%，是 2014 年以来的最好表现（见表3）。

分地区来看，世界柴油需求集中在美洲、欧洲和亚太地区，2017 年需求增长的主要来源也是以上三个地区。美洲方面，随着油价回升，北美油气开采和运输基建活动复苏，同时特朗普刺激政策推动美国基础设施建设投资明显增加，推动柴油需求量在连续 2 年下降后恢复增长。欧洲一直是车用柴油消费的主要地区，2015 年以来，在宽松货币政策的刺激下，欧洲经济有所复苏，推动成品油需求特别是车用柴油需求大幅增长，2017 年需求量创历史新高。此外，2017 年中国实体经济稳中向好，柴油需求恢复增长，是推动世界柴油需求增长的又一主要动力。

表3　世界柴油需求现状

单位：万桶/日，%

地区＼年份	2007	2008	2009	2010	2011	2012	2013	2014	2015	2016	2017	2017年份额
美　洲	709	696	655	696	719	712	727	752	742	718	726	25.8
欧　洲	642	657	636	648	633	625	628	624	651	659	679	24.1
亚　太	723	740	754	808	850	873	870	880	896	890	911	32.3
前苏联	95	101	91	95	104	98	102	122	129	131	133	4.7
中　东	173	181	191	195	204	213	226	226	205	200	201	7.1
非　洲	109	115	120	130	134	140	151	157	162	165	168	6.0
合　计	2451	2490	2447	2572	2644	2661	2704	2761	2785	2763	2818	100.0

数据来源：IEA、EIA、METI、KNOC、PPAC、ARGUS、JODI、EDRI、中国国家统计局、Unipec Research & Strategy（URS）。

（二）2018年世界柴油需求保持强劲增长

2018年，在油气行业上游投资增加以及中、美、印大规模基建活动的支撑下，柴油需求总体有望维持强劲增长态势，但由于欧洲、日本等发达国家和地区的需求量已经达到峰值，增速将比2017年有所放缓。预计2018年世界柴油需求量为2866万桶/日，同比增长48万桶/日，增速为1.7%，比上年减少0.2个百分点。

分地区来看，2018年柴油需求增量较大的地区是美洲和亚太。其中，美洲地区柴油需求量有望增加13万桶/日，高于2017年增量，主要原因是北美页岩油气开采活动趋于活跃，特朗普政府积极推动基建项目，同时拉美地区经济回暖，需求回升，对柴油需求构成支撑。亚太地区柴油需求继续增长，特别是印度货币改革的负面影响已经基本消退，经济将回归高速增长轨道，柴油需求有望恢复此前的高速增长态势，但由于日本和韩国需求减少，亚太地区总体需求增量低于2017年。欧洲地区柴油需求在2015～2017年连续3年增长，已达到历史较高水平，后续增长动力不足，预计明年需求增速大幅放缓。在油价回升支持下，2018年中东各国经济前景良好，预计柴油需求同比增长3万桶/日（见图3）。

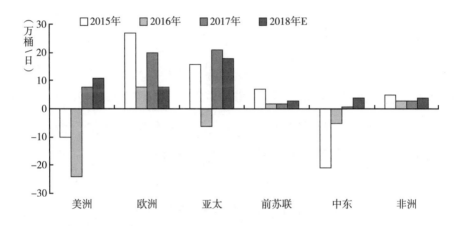

图3　世界柴油需求增量情况（分区域）

数据来源：IEA、EIA、METI、KNOC、PPAC、ARGUS、JODI、EDRI、中国国家统计局、Unipec Research & Strategy（URS）。

（三）中长期世界柴油需求维持增长

中长期世界柴油需求有望继续增长，主要增长来源有两个：一是中国、印度等发展中国家工业化进程继续推进，特朗普政府领导下的美国积极推动基础设施更新，同时矿产和油气行业开采活动也会增加柴油需求；二是国际海事组织（IMO）计划于2020年起全面禁止使用含硫量大于0.5%的高硫燃料油，船用柴油和柴油/燃料油调混需求将大幅增加。但运输用柴油面临替代能源的有力竞争，天然气卡车和电动卡车销量不断增长，限制了车用柴油需求增长前景。预计2020～2025年，世界柴油需求年均增长30万桶/日左右，基本维持2010～2020年间增量水平，年均增速1.1%。

分地区来看，美洲国家柴油需求将维持低速增长态势；欧洲柴油需求稳中趋降；亚太是拉动世界柴油需求增长的主要动力，且随着印度和其他亚太国家进入工业化进程中期，柴油需求有望保持较高增速，到2022年前后将突破1000万桶/日；受油价回升支撑，中东国家柴油需求回暖，预计2020～2025年增速高于2015～2020年；非洲地区近年来经济增长形势良好，基建需求前景广阔，将是2020年后柴油需求增长的一大亮点（见表4）。

表4　世界柴油需求展望

单位：万桶/日，%

年份 地区	实际			预测			年均增长率	
	2015	2016	2017	2018*	2020*	2025*	2015～2020*	2020～2025*
美　洲	742	718	726	739	756	770	0.4	0.4
欧　洲	651	659	679	687	680	667	0.9	-0.4
亚　太	896	890	911	929	968	1046	1.6	1.6
前苏联	129	131	133	136	142	146	1.9	0.6
中　东	205	200	201	205	215	235	1.4	2.4
非　洲	162	165	168	172	180	206	2.7	3.0
合　计	2785	2763	2818	2868	2941	3070	1.1	1.1

注：*表示Unipec Research & Strategy（URS）预测。

数据来源：IEA、EIA、METI、KNOC、PPAC、ARGUS、JODI、EDRI、中国国家统计局、Unipec Research & Strategy（URS）。

三 世界汽油需求继续维持增长

（一）2017年世界汽油需求增长势头放缓

2012 年以来，随着世界经济复苏，世界汽油需求一直保持较高增速，2012～2016 年年均需求增长 56 万桶/日。2017 年，尽管发展中国家汽油需求量继续强劲增长，但美国等发达经济体在连续 5 年高速增长后，汽油消费边际效应减弱，加之受燃油效率提高以及电动车等替代因素影响，2017 年世界汽油需求增速有所放缓，需求总量为 2563 万桶/日，同比增长 28 万桶/日，增幅为 1.1%，为 2011 年以来最低水平，也低于世界成品油需求总量增幅（见表 5）。汽油需求在世界成品油需求总量中的占比为 42%，连续 4 年维持这一水平。柴汽比为 1.10，比 2016 年提高 0.01。

表 5 世界汽油需求现状

单位：万桶/日，%

地区 \ 年份	2007	2008	2009	2010	2011	2012	2013	2014	2015	2016	2017	2017 年份额
美 洲	1215	1199	1207	1222	1202	1208	1229	1246	1280	1296	1298	50.6
欧 洲	263	251	242	231	222	209	202	201	198	199	200	7.8
亚 太	415	434	459	482	499	541	579	601	641	666	690	26.8
前苏联	100	109	106	111	112	115	116	117	113	117	117	4.6
中 东	115	123	129	131	136	143	153	156	157	152	152	5.9
非 洲	71	75	79	85	88	94	96	96	103	105	108	4.3
合 计	2179	2191	2222	2262	2259	2310	2375	2417	2492	2535	2563	100.0

数据来源：IEA、EIA、METI、KNOC、PPAC、ARGUS、JODI、EDRI、中国国家统计局、Unipec Research & Strategy（URS）。

分地区来看，包括美国在内的美洲地区是世界汽油消费量最大的地区，占世界总需求量的 50% 以上，也是 2012～2016 年拉动汽油需求增长的主要力量。2017 年，随着劳动力市场复苏对石油消费的边际效应基本耗尽，美国汽油需求增长动力减退，使得美洲地区汽油需求量与上年基本持平，结束了连续 4 年的增长势头。亚太是第二大汽油消费地区，在中国需求的拉动下，汽油消费持续高速增长，2017 年需求量为 690 万桶/日。受油价回升支撑，中东汽油需求有所企稳。

（二）2018年世界汽油需求增长有望提速

2018 年，随着中国、印度等发展中国家经济继续增长，同时拉美和中东国家从衰退中复苏，世界汽油需求增速将有所提升。预计 2018 年世界汽油需求量为 2593 万桶/日，同比增长 30 万桶/日，增幅为 1.2%，高于 2017 年。

其中，亚太地区汽油需求继续强劲增长，需求量达到 712 万桶/日，增量为 22 万桶/日。美国汽油需求增长动力不足，但拉美需求回升，拉动美洲汽油需求小幅增长。欧洲汽油需求基本持稳。非洲地区近年来经济增长稳定，汽油稳步增长，增量为 5 万桶/日。前苏联和中东地区汽油需求企稳回升（见图 4）。

（三）中长期世界汽油需求维持增长

中长期支撑汽油需求增长的主要动力来自发展中国家汽车销量和行驶里程增长。目前，我国乘用车保有量约为每千人 100 辆，而印度乘用车保有量不及我国的 1/5，远低于 OECD 国家每千人 500

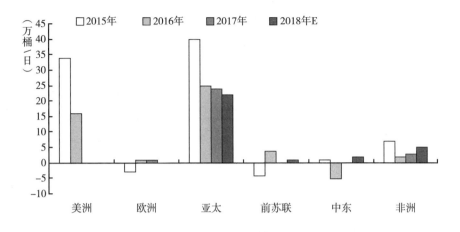

图4 世界汽油需求增量情况（分区域）

数据来源：IEA、EIA、METI、KNOC、PPAC、ARGUS、JODI、EDRI、中国国家统计局。

辆的平均水平。随着发展中国家经济增长、中产阶层规模扩大，预计到2025年，发展中国家汽车保有量有望翻番，平均行驶里程也将有所增加，带动汽油需求增长。但是，受绿色发展理念和环保要求提高的影响，包括我国在内的许多国家已经在鼓励电动汽车发展，部分国家正在考虑制订燃油汽车禁售计划，加之燃油效率不断提高，将对汽油需求增长构成一定限制，预计2020～2025年，世界汽油需求年均增长约30万桶/日，增速放缓至1.1%（见表6）。

分地区来看，亚太地区汽油需求将在中长期继续保持高速增长，世界汽油需求大部分增量都将来自亚太地区。随着经济发展和人口增长，中东和非洲汽油需求也将大幅增长，且增速有望在2020年后进一步提高。尽管拉美汽油需求有望增加，但由于需求大户美国的汽油消费已达到峰值，美洲地区汽油需求总量预计持稳。欧洲和前苏联地区汽油需求预计减少。

表6　世界汽油需求展望

单位：万桶/日，%

年份 地区	实际			预测			年均增长率	
	2015	2016	2017	2018*	2020*	2025*	2015～ 2020*	2020～ 2025*
美　洲	1280	1296	1298	1298	1305	1305	0.4	0.0
欧　洲	198	199	200	200	196	185	-0.2	-1.1
亚　太	641	666	690	712	759	882	3.4	3.0
前苏联	113	117	117	118	120	122	1.2	0.3
中　东	157	152	152	154	162	182	0.6	2.4
非　洲	103	105	108	113	121	141	3.3	3.1
合　计	2492	2535	2563	2595	2663	2817	1.3	1.1

注：＊表示 Unipec Research & Strategy（URS）预测。

数据来源：IEA、EIA、METI、KNOC、PPAC、ARGUS、JODI、EDRI、中国国家统计局、Unipec Research & Strategy（URS）。

四　世界航煤需求有望维持高增长态势

（一）2017年世界航煤需求增速较快

2017 年世界经济和贸易活动进一步复苏，发展中国家居民航空出行加速增长，推动航煤需求继续攀升，航煤需求总量达到 740 万桶/日，同比增长 22 万桶/日，连续第 3 年保持 20 万桶/日以上的高速增长水平，增幅为 3.1%，是世界成品油中需求增长最快的品种（见表7）。

分地区来看，得益于庞大的人口基数和快速增长的经济水平，亚太是世界最主要的航煤消费地区，2017 年需求量为 269 万桶/

日，占全球航煤需求总量的 36%，且占比逐年上升。同时，亚太也是世界航煤需求增长的主要贡献地区，2017 年需求量同比增长12 万桶/日。美洲是世界第二大航煤消费地区，2017 年需求量为225 万桶/日，同比增长 7 万桶/日，需求量和增量主要集中在美国。欧洲和前苏联地区航空业发展基本饱和，中东和非洲则受限于人口基数和基础设施，总体需求基本稳定。

表 7　世界航煤需求现状

单位：万桶/日，%

地区＼年份	2007	2008	2009	2010	2011	2012	2013	2014	2015	2016	2017	2017 年份额
美　洲	212	201	186	193	195	194	200	204	212	218	225	30.5
欧　洲	133	133	126	126	127	123	126	129	135	139	141	19.1
亚　太	223	215	209	222	222	227	234	236	247	259	271	36.4
前苏联	29	31	28	30	32	33	31	29	26	29	30	4.1
中　东	42	42	43	41	42	43	43	44	47	43	43	5.8
非　洲	28	30	28	30	29	30	30	30	30	30	30	4.1
合　计	667	652	620	642	647	650	664	672	697	718	740	100.0

数据来源：IEA、EIA、METI、KNOC、PPAC、ARGUS、JODI、EDRI、中国国家统计局、Unipec Research & Strategy（URS）。

（二）2018 年世界航煤需求继续高速增长

2018 年，在全球经济增长和航空运输的推动下，世界航煤需求有望继续保持较高增速。预计 2018 年世界航煤需求量为 762 万桶/日，同比增长 22 万桶/日，继续维持 20 万桶/日以上的高增长水平。

分地区来看，亚太地区航煤需求将继续增长，预计同比增量为13 万桶/日，高于 2017 年。其中，中国航煤需求增速较快，印度

经济回归正轨，航煤需求增长提速。随着国际油价走高，前苏联和中东国家经济已经明显好转，预计2018年经济增长率将进一步提高，航煤需求有望实现增长（见图5）。

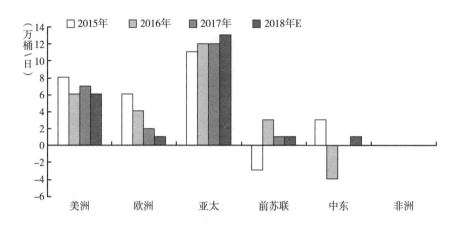

图5　世界航煤需求增长情况（分区域）

数据来源：IEA、EIA、METI、KNOC、PPAC、ARGUS、JODI、EDRI、中国国家统计局、Unipec Research & Strategy（URS）。

（三）中长期世界航煤需求有望继续保持高增长

中长期全球航空业有望继续快速扩张，航空客运和货运发展前景广阔，且航煤作为航空燃料的可替代性较低。预计航煤将是世界成品油中需求增长最快的品种，2020～2025年年均增量有望保持在20万桶/日左右，年均增速2.5%，高于汽油和柴油。

分地区来看，航空业最为集中的亚太地区仍将是世界第一大航煤需求地区，2020～2025年需求量有望保持4.3%的高速增长水平。美洲地区航煤需求也有望增长，但增速明显放缓。随着跨区航空出行增多，中东地区作为全球重要航空枢纽的地位将继续凸显，航煤需求有望加速增长。非洲地区经济不断增长，基础设施继续完善，也将推动该地区航煤需求增长提速。欧洲和前苏联地区航煤需求基本稳定。

表8　世界航煤需求展望

单位：万桶/日，%

年份 地区	实际			预测			年均增长率	
	2015	2016	2017	2018*	2020*	2025*	2015~ 2020*	2020~ 2025*
美　洲	212	218	225	231	240	264	2.5	1.9
欧　洲	135	139	141	142	144	144	1.3	0.0
亚　太	247	259	271	284	312	386	4.8	4.3
前苏联	26	29	30	31	32	32	4.2	0.0
中　东	47	43	43	44	47	55	0.0	3.2
非　洲	30	30	30	30	31	33	0.7	1.3
合　计	697	718	740	762	806	914	2.9	2.5

注：*表示 Unipec Research & Strategy（URS）预测。

数据来源：IEA、EIA、METI、KNOC、PPAC、ARGUS、JODI、EDRI、中国国家统计局、Unipec Research & Strategy（URS）。

参考文献

[1] International Energy Agency（IEA）："World Energy Outlook 2017", November 2017.

[2] International Energy Agency（IEA）："Annual Statistical Supplement for 2016", August 2017.

[3] Organization of the Petroleum Exporting Countries（OPEC）："World Oil Outlook 2040", October 2017.

B.6
中国成品油市场现状与展望

张 硕　李振光　乞孟迪*

摘　要： 2017 年，随着宏观经济呈现稳中向好态势，中国成品油消费有所改善，表观消费增速加快，而由于终端需求动能的转换，汽、煤、柴消费呈现分化发展：汽油消费增速放缓，柴油消费回暖，煤油消费保持增长。此外，天然气、煤制油等替代燃料占比也进一步扩大。2018 年，中国宏观经济环境相对平稳，成品油市场化改革继续前行。预计2018 年，汽油消费同比增长 7.3%，略有放缓；柴油消费同比下降 1.0%，回归下跌；航煤消费同比增长 9%，保持高速增长。到 2025 年，中国成品油市场需求增长速度将逐步放缓，经济及人口的持续增长拉动终端需求增长，但由于燃油经济性的提高以及替代燃料的多元化发展，预计 2015 ~ 2020 年中国成品油需求年均增速放缓至 2% ~ 3%，2020 ~ 2025 年年均增长 1% ~ 2%。

关键词： 成品油市场　供需　中长期预测

---

* 张硕，中国石化经济技术研究院经济师，硕士，从事炼油企业发展及成品油市场研究；李振光，中国石化经济技术研究院高级经济师，硕士，从事石油市场研究；乞孟迪，中国石化经济技术研究院高级经济师，硕士，从事成品油市场与替代资源研究。

一　2017年中国成品油市场进入调整升级阶段

（一）经济结构持续调整，成品油消费整体趋缓趋稳

2011 年以来，中国经济结束三十余年年均 10% 左右的高速增长周期，进入减速换挡期；2017 年宏观经济稳中向好态势明显，GDP 增长 6.9% 左右，略快于 2016 年。具体来看，官方 PMI 指数持续位于高于 51% 的景气区间，中国工业生产加快，固定资产投资增加，加之外需改善，贸易总额快速增长。长期来看，产业结构升级、增长动能转换、市场体制改革等系统性调整因素使中国宏观经济仍处于调整期，其中投资增长速度将逐步放缓，占 GDP 的比重呈下降趋势；消费比重将出现明显提升，对经济增长贡献度提高。

2005 年以来，成品油表观消费呈现稳中趋降态势。"十一五"期间，中国成品油消费年均增长 6.2%，"十二五"期间年均增长 3.9%，2015～2017 年年均增长 1.0%。2016 年成品油消费出现萎缩，全年表观消费 3.11 亿吨，同比下降 0.6%；2017 年受外需向好、工业回暖及房地产平稳增长等利好因素的拉动，成品油市场需求侧有所改善，呈现中速增长，全年表观消费 3.20 亿吨，同比增长 2.8%（见图 1）。分品种来看，2017 年成品油消费市场呈现"汽油趋冷，煤油稳增，柴油回暖"的格局。

（二）终端需求动能转换，交通用油已成绝对主力

从终端需求来看，2017 年汽油消费受到乘用车销量低迷、公

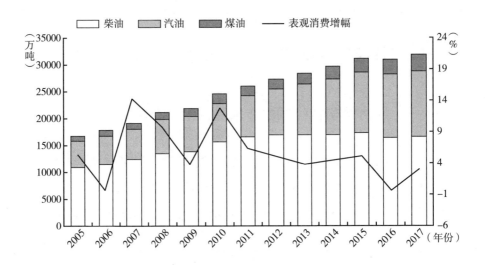

图1　中国成品油表观消费变化趋势

车改革政策、共享单车大规模扩张等因素影响，终端需求增速放缓，同比增长8%，较上年减少4个百分点；航空客货运市场均保持旺盛需求，煤油消费同比增长11%，与上年基本持平；此轮工业生产回暖带动商用车销量大幅增长，支撑柴油终端消费增速由负转正，柴油消费增速较上年增加3个百分点；终端消费柴汽比为1.21，继续下降。

从用油行业看，交通行业用油占比不断上升，已经成为成品油消费的绝对主力，农林牧渔业、工业及水运用油占比则不断下降。交通方面，中国汽车行业以及民航业正处于快速发展阶段，尽管燃油经济性不断提高及航煤单耗呈现下降态势，整体用油规模仍在扩大；农业方面，随着农业机械化发展进程步入后期，粮食农作物机械化水平基本饱和，经济作物机械化水平难以提高，对用油拉动有限，农业用油呈现稳中趋降态势；工业方面，随着工业化进入中后期，加之去产能及治污染双向发力，煤炭、钢铁、水泥等重工业品的需求基本饱和，工业用柴油需求逐年下降；建筑业方面，建筑业与房地产业一直表现出较强的关联性，随着房地产业走低，建筑业用油增速将进一步下降。

（三）油品质量升级加速落地，隐性资源长期占据市场

近年来，随着环保要求持续升级，大气污染治理工作不断加码，中国油品质量升级步伐不断加快。2003 年至今，中国汽柴油由国Ⅱ标准升级到国Ⅴ标准，用十余年时间走过了发达国家几十年的油品质量升级历程。2017 年 10 月起，京津冀及周边"2 + 26"城市已经全部供应符合国六标准的车用汽柴油，禁止销售普通柴油。从质量指标看，国六标准主要指标与欧洲标准相当，部分指标甚至严于欧洲标准。

由于监管不到位，市场上国Ⅴ、国Ⅳ、国Ⅲ、车柴和普柴、非标油等多品种共存的问题仍旧突出，严重削弱了质量升级效果。从终端需求看，部分机动车和用油机具对油品质量要求不高，低标油品依靠低价挤压高标油品的市场空间；从区域市场看，先行推广高品质油品的地区汽柴油成本和价格相对较高，市场推广难度加大，往往形成价格和销售孤岛。目前，华北"2 + 26"个城市实行更加严格的环保标准，但机动车存在流动性，区域封闭运行模式的实际效果难以保障。

在中国市场供大于求的情况下，调和油品依靠价格优势持续挤占正品市场空间，已发展成为一个利润巨大的产业。2017 年包括进口混芳、进口轻循环油、炼厂外 C4 深加工组分油、口径外地炼

或煤制油石脑油以及轻质燃料油等在内的调和资源规模继续扩大，占全国成品油终端消费量的10%左右。

（四）替代燃料规模持续上升，区域和行业特征明显

2017年由于经济复苏好于预期，需求增长强劲，天然气、煤制油等替代资源相对于油品的经济性进一步提高，规模继续上升，全年替代资源总量同比增长14%左右，占成品油当量消费比重达到近6%，较上年提高0.4个百分点（见图2）。

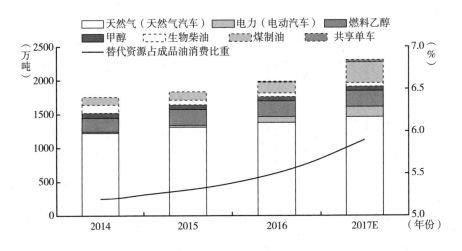

图2 替代资源规模变化

自1999年天然气汽车推广行动全面铺开以来，天然气汽车持续发力，2017年全年天然气汽车销量为25万辆左右，同比增长54%，天然气汽车保有量将超过600万辆。预计替代用油占总替代量的60%以上。煤制油方面，2008年神华第一套百万吨级煤制油装置投产，到2016年全国煤制油能力达到288万吨/年，2017年煤制油扩能步伐明显加快，神华宁煤间接液化一期项目及陕西潞安煤

制油项目一期陆续投产，使煤制油产能大幅扩张到 868 万吨/年，预计 2017 年全国煤制油产量将达到 320 万吨。另外，2017 年新能源汽车销量达到 70 万辆，同比增长 40%，占汽车总销量的 2%，新能源汽车保有量达 160 万辆。

（五）供需过剩态势依然突出，汽、煤、柴油全方位出口

近年来，随着我国炼油行业快速发展，产能大幅增长，结构性过剩问题日益凸显，"十一五"期间炼油产能年均增长 7.2%，"十二五"期间年均增长 4.7%，2015～2017 年年均增长 2.3%。截至 2017 年，中国炼油能力超过 8 亿吨/年，相对于 5.66 亿吨的原油加工量，产能出现明显过剩，炼油加工负荷不足 70%，显著低于世界 83% 左右的平均水平。

产能过剩造成成品油大量出口。2000～2010 年，中国煤油及柴油大体保持供需平衡，主要以汽油出口为主，出口量在 5 亿吨左右；2010 年以来，随着炼油产能持续提高，我国国内需求增速放缓，炼油产业逐渐向出口型方向发展，汽、煤、柴油实现全面净出口。

2016 年，中国成品油出口合计 3820 万吨，同比大涨 50%，成为亚太地区继印度、韩国之后第三大成品油出口国家；2017 年成品油出口规模受到配额和基础设施限制，全年出口量为 4087 万吨左右，同比增长 7.0%，成品油出口呈现常态化、规模化的特点。

二　2018年中国成品油需求相对平稳

（一）改革将多方发力，成品油全面市场化即将到来

2018 年中国经济转型的攻坚战将全面开展，以往遇到困难就

放松货币、刺激股市和楼市的做法可能被放弃，转而深化去杠杆、去产能，转变经济增长方式；短期内补库存周期接近尾声，叠加对金融和房地产的调控升级，经济反弹势头难以持续。长期看，导致潜在经济增速放缓的因素明显：储蓄率回升、劳动力减少、对外开放外溢效应减弱、服务业比重增加、环保成本增加。2018 年中国经济稳中调整的概率较大。

在经济增长相对稳定的宏观背景下，油气行业市场化改革的步伐将继续稳步向前。2017 年国务院下发了《关于深化石油天然气体制改革的若干意见》，这一顶层设计着力于完善油气进出口管理体制、改革油气管网运营机制、改革油气产品定价机制和深化下游环节市场竞争性。商务部发布了《原油成品油流通管理办法（征求意见稿)》，市场准入条件进一步放宽。财政部提出，恢复成品油一般贸易出口退税政策。

2018 年成品油领域市场化改革与配套措施建设双向发力，价格市场化或将成为临门一脚，这让市场在资源配置中的基础作用日益凸显，市场活力将持续释放。同时，价格市场化将迫使成品油生产和销售环节毛利下滑，需要企业不断提升竞争力。

（二）传统汽车支持力度减弱，双积分接续新能源汽车政策

相较 2017 年，2018 年宏观经济下行压力加大，经济增长有所放缓，但从汽车市场来看，2018 年经济增长对车市消费的支撑力度基本与 2017 年持平，政策成为影响汽车销量的重要因素。

2018 年主要产业政策对汽车的支撑力度明显不及 2017 年。从增量角度看，一方面，2018 年购置税半价优惠政策退出，对销量

透支明显；另一方面，城市交通环保压力依然很大，武汉、西安、成都、南京等多地控制机动车保有量的政策仍在紧锣密鼓研究中，限购现象或将重现。从存量角度看，对国Ⅰ、国Ⅱ老旧车限制使用/更新的城市范围将进一步扩大，河北、深圳、天津等地均已经有政策出台。预计全年汽车销量在2960万辆左右，与2017年基本持平，呈现"乘用车小幅增长，货车大幅下滑，客车有所恢复"的格局。

新能源汽车方面，从需求端来看，2018年新能源汽车补贴将延续2017年的政策，但由于2019年将进一步下调补贴力度，且2018~2020年间中国新能源汽车免征车辆购置税，2018年新能源汽车将出现提前购买局面；从供给端来看，2019年将实行双积分制，会刺激汽车企业提前推出更多新能源车型。预计2018年新能源汽车销量将接近100万辆，占汽车总销量的比重为3.4%；新能源汽车保有量达到260万辆，占总保有量的比重为0.7%。

（三）汽油需求增速稳中趋缓，隐性资源波动可能造成紧张

2018年，经济增长稳中趋缓，政策支撑力度有所减弱，汽油车整体市场环境缺乏有力提振，预计汽油车销量为2420万辆左右，同比增长11.0%，汽油车保有量将超过2亿辆，同比增长14%，与2017年基本持平；考虑到城市限行范围不断扩大，小排量车型占比、私家车占比以及中小城市占比均将进一步提高等因素，2018年私家车使用强度将继续减弱，车用汽油消费量增速将有所放缓。综合预计，2018年中国汽油终端需求同比增长7.3%，较2017年增速略有放缓。

调和汽油资源规模总量存在较大不确定性。在2017年征税政

策未能落地的情况下，2018年实施加征消费税的可能性较大，若政策落地，按目前混合芳烃通行掺入比例为20%～40%、混芳消费税额1.52元/升（目前汽油消费税税额）计算，调和汽油成本将增加420～840元/吨，价格优势大幅缩减；即使征税政策仍未出台，随着市场环境的不断改善，调油市场的快速膨胀也将得到有效遏制。一方面，随着汽柴油质量标准的提高，对于高品质调油组分的依赖性增强，这将推高调油成本；另一方面，随着流通管理办法的出台，成品油流通渠道将日益正规化，社会调油商的市场操作空间缩小，部分资金实力不足、生产流通资质存疑的调油商将被逐步淘汰。综合来看，调油组分在2018年进口量再次大幅增长可能性较小，预计2018年汽油调和资源同比增长3%，较2017年下降8个百分点。

（四）柴油需求回归下跌，"去产能＋防污染"去油彻底

2018年，2017年传统低端过剩工业带动工业反弹的形势将难以持续，随着产业结构调整不断深化，宏观经济下行压力加大，经济发展更加注重质量，中国投资和工业生产增幅均将出现下滑，各项经济指标均很难维持2017年水平，柴油消费回暖的态势将不会持续到2018年，回归下跌渠道。一方面，柴油车的需求将继续减少；另一方面，随着"去产能"工作深度推进，污染治理逐步常态化，工业燃料升级工程逐步展开，天然气替代速度进一步加快，工矿企业用油继续受限。而由于房地产市场走低，建筑业增速将进一步下降。此外，水运柴油将因普柴质量升级而获得增长空间，带动部分柴油需求，但总量较小。综合来看，预计2018年柴油终端

需求同比下降 1.0% 左右。

调和柴油方面，预计 2018 年柴油调和资源同比下降 2%，较 2017 年下降 6 个百分点。

（五）煤油需求保持高速增长，高铁替代短途国际航线增量

截至 2016 年底，全国高铁营运里程已达 2.2 万公里。尽管高铁继续快速发展，中国短途航线受到一定影响，但航空客运市场继续保持高速增长态势，国际航线不断增加，支持航煤消费稳定增长。预计 2018 年航煤消费同比增长 9%。

三 成品油市场需求增速将逐步放缓

（一）经济、人口持续增长，内生需求拉动终端消费增长

在"两个一百年"奋斗目标的指引下，在我国社会与环境发展条件的约束下，预计未来我国将在 2020 年前全面建成小康社会，2020~2030 年将跨越"中等收入陷阱"，2050 年国内生产总值的世界占比达到 20% 以上，建成富强、民主、文明、和谐、美丽的社会主义现代化强国。2030 年之前我国人口将持续增长，并达到 14.5 亿人；之后随着老龄化发展，总体人口略有下降。我国经济和人口的持续增长，将带动成品油需求增长。

同时，三次产业比重发生变化，降低用油强度。预计 2020 年之后第一产业增速将低于 3%，2025 年降低到 2%；2020 年之前第二产业增速保持在 5% 以上，之后到 2025 年逐步下降到 4.5%；第

三产业增速在 2025 年之前从 8% 以上略降到 7% 以上，实现较快增长。传统高耗能重工业处于持续下行态势，维持较低增长水平。三产结构逐渐变"轻"将降低运输和燃料需求，从而使成品油的消费强度降低。

（二）汽车等行业快速发展，燃油经济性不断提高

2000 年之后受乘用车（主要是汽油车）进入孕育期带动，汽车整体销量增速加快。2008 年乘用车千人保有量达到 20 辆，进入起飞期；2016 年达到约 100 辆，进入起飞后期。自 2011 年开始商用车销量逐步减少。2016 年中国汽车保有量达 1.86 亿辆，估计 2017 年将达到 2.1 亿辆。从国外发展历程看，乘用车保有量增长呈现"缓—急—缓"的过程。一般的，人均 GDP 达 2 万 ~ 3 万美元时，乘用车千人保有量达到饱和。美国乘用车保有量饱和值为 800 辆/千人，欧洲为 400 ~ 600 辆/千人，新加坡和我国香港地区为 100 ~ 200 辆/千人。从人口、土地、道路、能源、购买力等要素考虑，中国乘用车能够承载的保有量最多为 300 ~ 400 辆/千人。商用车需求受到两方面因素的制约业已饱和；一是城市公共交通的发展对客车市场产生影响，二是大宗商品需求饱和对货车市场产生影响。预计，2020 年中国汽车保有量将达到 2.7 亿辆，2025 年达到 3.5 亿辆，至 2040 ~ 2050 年保有量才会逐步饱和（见图 3）。

燃油经济性提高将减缓用油增长势头。根据国家相关规划，到 2020 年乘用车新车平均燃料消耗量降到 5.0 升/百公里，商用车接近国际先进水平；到 2025 年，乘用车新车平均燃料消耗量降到 4.0 升/百公里，商用车达到国际领先水平。

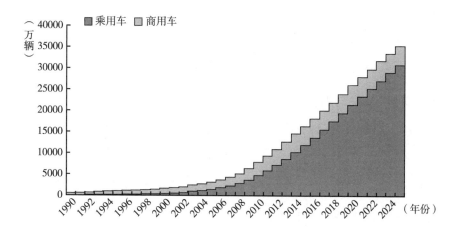

图3　中国汽车保有量发展趋势

《中国民用航空发展第十三个五年规划》预测，"十三五"期间民航领域主要发展指标较"十二五"期间将继续保持两位数增长。中航集团预计，未来20年中国航空运输需求增长的趋势将得到延续，旅客周转量年均增速为7.4%，货邮周转量年均增速为9%。按照发达国家的经验，通常民航周转量在工业化/城镇化完成后10~20年还会有所增长。我国人均乘机次数与发达国家相比还有较大差距，2025年之前航空运输需求仍将快速增长。

（三）替代燃料多元化发展，压缩成品油市场增长空间

中国政府已确立节约优先，同时"以可再生能源替代化石能源，以新能源替代传统能源，以优势能源替代稀缺能源"的替代能源发展战略。鼓励推广应用天然气汽车，积极发展车用生物燃料，引导煤基燃料有序发展，大力发展新能源汽车。

2025年前天然气是主要的车用替代燃料。得益于技术成熟、

产业链完备、环境友好等优势，2017年国内燃气汽车保有量已发展到约600万辆。预计，2025年燃气汽车保有量将达到800万辆。

生物燃料发展存在原料来源与技术瓶颈。我国在2002年推广乙醇汽油，截至目前，全国有6省32市运行燃料乙醇，2017年产能达278万吨/年，消费量为260万吨。《关于扩大生物燃料乙醇生产和推广使用车用乙醇汽油的实施方案》中提到，到2020年全国范围内将基本实现车用乙醇汽油全覆盖，预计2020~2025年燃料乙醇需求将在1500万吨以上。

我国生物柴油生产原料多以废弃油脂、油脂加工的下脚料为主，也就是俗称的"地沟油"。生物柴油原料来源分散，不易收集，数量不稳定，生产成本较高。"生物柴油调和燃料（B5）"标准已颁布，《石油和化学工业"十三五"发展指南》中指出2020年生物柴油产量达到200万吨。

2011年和2012年中国石油和中国石化生产的生物航煤分别完成了试飞，2017年中国石化生物航煤实现了跨洋飞行。目前，国内生物航煤产能不足10万吨/年，实际产量较小。由于成本较高，预计生物航煤未来应用规模占比较小。

未来煤化工发展将受水资源和环境因素的影响。《煤炭深加工产业示范规划（2016~2020年）》中提出2020年煤制油产能达1300万吨/年。但是，由于油价持续低位运行，煤制油经济性受到制约，判断规划项目可能延迟建成投产，达到规划目标的难度较大。

近年来，我国政府先后通过了《中国制造2025》《"十三五"国家战略性新兴产业发展规划》《节能与新能源汽车技术路线图》，进一步明确了新能源汽车发展战略，计划到2020年、2030年新能源汽车保有量分别达到500万辆和8000万辆。分析新能源汽车的增长条件，从技术上看，当前成熟的三元锂电池存在续航里程和成本上的限制，新型锂电池有望于2020年商业化，但2025年之后的新一代锂离子电池存在很大的不确定性，国内燃料电池汽车完全商业化最早在2025年。预计2020年和2025年中国新能源汽车保有量分别占当时汽车保有量的2%和5%~8%。

总体来看，预计2015~2020年中国成品油需求年均增长2%~3%，2020~2025年年均增长1%~2%，成品油消费增速放缓的主要原因一是经济和人口增长放缓；二是汽车消费市场逐步走向成熟期，燃油经济性不断提高；三是天然气、电动汽车等的替代不断增加。

参考文献

［1］中国石油化工股份有限公司油品销售事业部、国务院发展研究中心资源与环境政策研究：《中国成品油市场需求预测研究》，中国石化出版社，2014。

［2］柯晓明：《"十三五"时期中国炼油工业发展环境和发展思路探讨》，《国际石油经济》2015年第5期。

［3］李振光、袁建团：《中国柴油需求趋势分析》，《国际石油经济》2015年第9期。

［4］沈中元：《利用收入分布曲线预测中国汽车保有量》，《中国能源》2006年第8期。

［5］庄沙沙：《大气污染治理与机动车减排新趋势》，《汽车工业研究》2014年第5期。

B.7
中国原油贸易现状与展望

任 娜 王晓涛*

摘 要： 2017 年，在炼能扩张和新力量炼厂大举进口的带动下，中国原油进口量攀升至 4.2 亿吨，同比增长 10.1%，维持了过去几年的高速增长态势；2017 年中国原油对外依存度进一步攀升至 68.5%，创历史最高水平。2017 年，我国从中东进口原油连续第四年下降，从美洲和前苏联等地进口原油则呈现快速增长态势，俄罗斯连续两年成为我国最大原油进口来源国。此外，新力量炼厂进口大增，重塑我国原油贸易格局。从 2018 年和中长期来看，中国经济总体保持稳定增长态势，2020 年之前，大量新增炼能投产以及补库需求有望带动原油进口继续保持较快增速，尤其美国将成为中国新增原油进口的主要来源地。2020 年以后，中国原油贸易量仍将继续增长，但增速或有所放缓。

关键词： 原油 贸易 进口 新力量炼厂

---

* 任娜、王晓涛，中国国际石油化工联合有限责任公司。

一 2017年中国原油贸易量再创新高

（一）进口总量：中国超过美国成为全球最大原油进口国

结合中国海关统计，在中石油云南炼厂、中海油惠州炼化二期项目等新增炼能和新力量炼厂大举进口的带动下，2017年我国原油进口总量攀升至4.2亿吨（843万桶/日），同比大幅增长10.1%，维持了过去几年10%以上的高速增长态势。2017年，我国原油对外依存度进一步攀升至68.5%，比2016年提高3.1个百分点，再创历史新高。与美国相比，2017年我国进口量远超美国的3.9亿吨（791万桶/日），意味着我国正式超越美国成为全球最大原油进口国（见图1）。

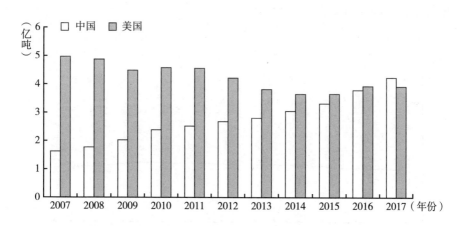

图1 中国和美国原油进口量变化趋势

数据来源：中国海关，EIA，UNIPEC Research & Strategy（URS）。

结合需求面来看，2017年中国经济稳中向好，刺激能源消费需求增加。全年石油需求保持稳定增长，石油表观需求量突破6亿吨大关，达到6.1亿吨，同比增长3.6%。从实际加工量来看，2017年，中国原油加工量为5.6亿吨，同比增长3.4%，主要原因一是主营炼厂新建以及扩建炼油项目投产，包括中石油云南炼厂（1300万吨）、中海油惠州炼化二期项目（扩建1000万吨）等，主营炼厂加工量达到4.5亿吨，同比增长3.2%；二是在较好的炼油毛利带动下，新力量炼厂加工量达到1.1亿吨，同比增长7%。

从供应面来看，2017年，中国原油产量为1.95亿吨，同比下降2.5%，为8年来最低水平（见图2）。2015年以来，由于油价下跌，中国原油产量不断下降，目前已低于2亿吨水平。与此同时，结合相关数据，中国商业原油库存已降至三年来最低水平，客观上也推动了原油进口增长。

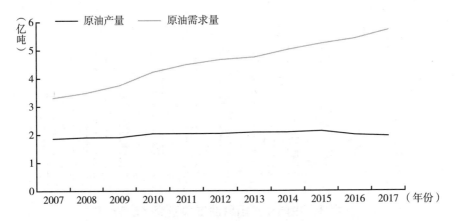

图2 中国原油产量和进口量情况

数据来源：中国海关，UNIPEC Research & Strategy（URS）。

（二）进口来源：进口来源发生较大变化

从进口来源地区看，中东地区一直是我国最重要的进口来源地，但随着地方炼厂加大对前苏联、非洲、美洲等地的原油采购力度，我国原油进口来源结构也发生较大变化（见图3）。

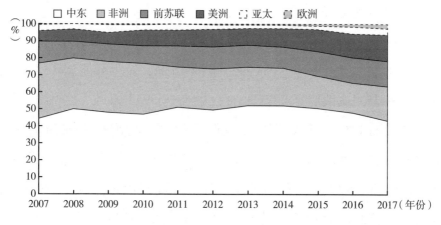

图3 我国原油进口（分地区）变化趋势

数据来源：中国海关，UNIPEC Research & Strategy（URS）。

中东。2017年，由于OPEC产油国减产，原油出口随之下降，对Dubai原油贴水构成较强支撑，推动DTD Brent/Dubai价差大幅收窄至1.1美元/桶左右。中东原油的经济性显著下降，来自美洲、西非等地的轻质资源性价比凸显，挤占了中东原油的市场份额。据海关统计，2017年中国从中东进口原油为1.8亿吨，占中国原油进口总量的43%，中东仍保持了我国最大进口来源地区的地位，但份额较上年下降5.1个百分点，为连续第四年下降。

非洲。非洲地区一直是中国原油进口来源的第二大区域。2017年，中国从非洲地区进口原油数量为8445万吨，同比大增24%，

为近 10 年来最大增幅，占中国原油进口总量的 20%，较上年增加 2.2 个百分点。2017 年，由于 DTD Brent/Dubai 价差收窄，加之我国油品质量升级要求，以山东地炼为代表的新力量炼厂加大了对西非轻质资源的采购量，以获取更高的炼油毛利。近三年来，中国从非洲地区采购的原油从 2015 年的 6454 万吨增加到 2017 年的 8445 万吨，增幅达 31%。

前苏联。2017 年中国从前苏联地区进口原油 6410 万吨，同比增长 13%，占到中国进口原油总量的 15%，较上年提高 0.4 个百分点。其中，从俄罗斯进口原油数量高达 5957 万吨，占中国原油进口总量的 14%，俄罗斯也连续两年超过沙特阿拉伯成为中国第一大原油进口来源国，进口增量主要来自新力量炼厂。从俄罗斯东部港口进口 ESPO 原油采购灵活，加之运输距离近、周期短、综合采购成本较低，受到新力量炼厂的青睐，其从俄罗斯进口的原油量超过我国从俄罗斯进口总量的 1/3。

美洲。近年来，美国页岩油和巴西深水项目产量不断提高，使得美洲地区原油产量大幅增长，加之 2015 年美国原油出口解禁，进一步使得该地区原油出口呈现大幅度增长。2017 年，中国从美洲地区进口原油量为 6582 万吨，同比增长 25%，占中国原油进口总量的 16%。其中，中国进口美国原油总量为 676 万吨，较上年增加 627 万吨，同比增幅高达 13 倍。当前，亚太已成为美国原油出口的第一大目的地，中国则是其出口目的地中的重中之重，意味着中美能源贸易合作开启了新的篇章。

亚太和欧洲。与其他地区相比，中国从亚太地区和欧洲进口原油量相对较少。2017 年，中国从亚太地区进口原油量相对稳定，进口量为 1548 万吨，同比小幅增长 2.5%，占中国原油进口总量的 4%；中国从欧洲进口原油 975 万吨，同比快速增长 68%，但仅占中国原油进口总量的 2%。

（三）进口通道：原油进口运输方式海陆并济

中国原油进口运输方式包括海上运输和陆上运输，以海上运输为主。2007 年以来，通过海上运输的原油进口量占到我国原油进口总量的 90% 以上，而通过陆上运输的原油进口量占比基本保持在 10% 以下。

由于海上运输运距远、时间长，海上原油运输主要使用大型油轮。2017 年，中国通过海上油轮运输的原油达到 3.87 亿吨，同比增长 9.3%，占中国原油进口总量的 92%。2013 年以来，随着国内原油需求的快速增长，海上原油进口量持续攀升，从 2.54 亿吨增加到 3.87 亿吨，增长了 52%，占进口总量的比例从 2013 年的 90% 提高到 2017 年的 92%。

陆上运输主要包括铁路运输和管道运输两种方式。2017 年，中国通过陆上运输进口原油量为 3349 万吨，同比增长 22%，占中国原油进口总量的 8%，以管道运输为主。2011 年中俄原油管道投入运营后，铁路运输量急剧下降，管道运输成为陆上进口原油运输的主导方式，尤其是 2017 年中缅原油管道投产之后，我国已形成中俄、中哈、中缅三大原油进口陆上通道，管道运输量进一步增长。2017 年我国通过陆上管道运输进口的原油为 3246 万吨，同比增长 23%，占原油进口总量的 7.7%，其中通过中俄原油管道一线进口 2553 万吨，通过中哈原油管道进口 220 万吨，通过中缅原油

管道进口473万吨。此外，目前我国通过铁路运输进口少量蒙古原油，2017年进口量为103万吨。

（四）进口主体：进口主体更加多元化

1. 主营石油公司进口稳中趋降，仍占主导地位

长期以来，国有贸易公司在我国原油进口中占主导地位。2015年以来，我国原油贸易政策加速放开，国有贸易公司在我国原油进口中仍然占主导地位，但是原油进口份额呈现下降趋势。2015年，中石油、中石化、中海油、中化、振戎等主营公司的原油进口量为3.1亿吨，占全国原油进口总量的93%，其中，中石化原油进口量为1.7亿吨，占我国原油进口总量的51%。2016年、2017年，主营公司的进口份额持续下降，2017年主营公司的原油进口量为3.1亿吨，仅占全国原油进口总量的75%（见图4），其中，中石化原油进口量为1.9亿吨，占我国原油进口总量的45%。

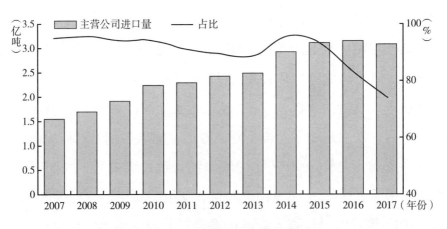

图4　主营公司原油进口量

数据来源：中国海关，Unipec Research & Strategy（URS）。

2. 新力量炼厂进口大增，重塑我国原油进口贸易格局

（1）原油进口量快速增长，"四分天下"有其一。

2015 年以前，除中石油、中石化、中海油外，仅中化集团、兵器集团、中国化工、福建腾龙等几家单位拥有少量进口原油使用权。2015 年 2 月，国家发改委发布《关于进口原油使用管理有关问题的通知》（发改运行〔2015〕253 号），允许非主营炼厂有条件使用进口原油。2015 年 7 月，商务部发布《关于原油加工企业申请非国营贸易进口资格有关工作的通知》（商贸函〔2015〕407 号），对非国营进口企业申请原油进口资质进行了明确规定。至此，我国非国营企业进口原油使用权和原油进口权"双权"全面放开。

2017 年，我国共有 29 家地炼获得进口原油使用权。截止到 2017 年 12 月底，获得进口原油使用权的 29 家地方炼厂中，山东 22 家，辽宁 2 家，河南 1 家，河北 1 家，湖北 1 家，陕西 1 家，宁夏 1 家。29 家地方炼厂原油加工能力总计为 13630 万吨，持有进口原油使用权总计为 9525 万吨，2017 年全年进口原油使用配额为 7320 万吨，其中有 16 家地炼具有原油进口资质。从实际进口量来看，"双权"放开以来，以地方炼厂为代表的新力量炼厂进口量迅速攀升，2015 年新力量炼厂进口量为 2800 万吨左右；2016 年攀升至 6700 万吨左右；2017 年新力量炼厂进口量为 9400 万吨左右，比 2016 年大幅增长 40%，超过 2015 年进口量的 3 倍，占当年全国原油进口量的 22%（见图 5），可谓是"四分天下"有其一。

（2）分地区来看，美洲、非洲、前苏联、中东地区一直是新

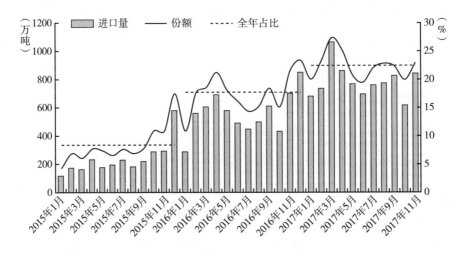

图5 新力量炼厂原油进口量变化趋势

数据来源：中国海关，Unipec Research & Strategy（URS）。

力量炼厂前四大进口来源地。

　　新力量炼厂主要从美洲、非洲、前苏联、中东、亚太、欧洲六大地区进口原油，进口来源呈现多元化趋势。从主要地区来看，2013年以来，美洲一直是新力量炼厂原油进口的主要来源地之一，尤其是委内瑞拉马瑞原油备受新力量炼厂青睐；从非洲地区进口原油的比重先降后升，2017年非洲超越美洲成为新力量炼厂原油进口第一大来源地；从前苏联地区进口原油的比重持续增加，目前前苏联地区已成为新力量炼厂原油进口的第三大来源地；从中东地区进口原油的比重则不断下降，中东地区已经从2013年的第二大进口来源地下降到目前的第四位（见图6）。从主要国家来看，俄罗斯、安哥拉、委内瑞拉、巴西和阿曼是新力量炼厂原油进口的前五大来源国。此外，新力量炼厂从马来西亚、刚果、加蓬等国进口原油也呈现较快增长势头。

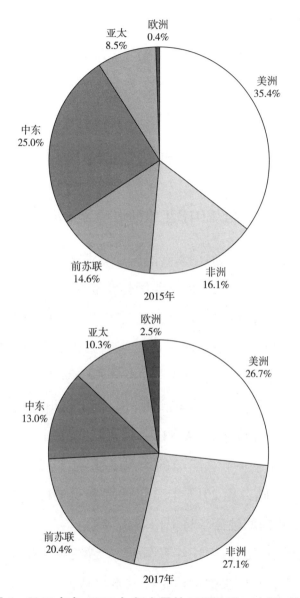

图6　2015 年与 2017 年新力量炼厂原油进口来源对比

数据来源：中国海关，Unipec Research & Strategy（URS）。

（3）从进口原油品质来看，新力量炼厂进口原油更加轻质化。

随着新力量炼厂进口俄罗斯原油和西非原油份额大幅增加，

2017 年新力量炼厂进口原油品质呈现 API 变高、硫含量和酸值变低的趋势。结合海关和船运数据测算，2017 年新力量炼厂进口原油的平均硫含量为 0.95 左右，API 为 29 左右，酸值为 0.5 左右。

二 2018年中国原油进口有望继续保持较快增长

（一）进口总量：2018年原油进口总量仍将保持较快增长

1. 石油需求方面，2018年我国原油需求继续保持较快增长势头

从宏观经济来看，2018 年我国经济仍将保持稳中求进，经济增速与 2017 年大体持平。从新增炼能来看，2018 年我国浙江石化一期（2000 万吨）有望于四季度试运行，恒力石化（2000 万吨）有望于四季度投产，盘锦宝来（400 万吨）扩能项目预计年中投产，新增炼能将超过过去两年。此外，商务部既定的 2018 年原油非国营贸易进口允许量为 14242 万吨，其中第一批非国营进口原油12132 万吨，约占全年总配额的 85%，共有 32 家地炼获得配额，总量达 9045 万吨，比 2017 年全年地炼获得的配额高 1725 万吨。预计 2018 年我国原油需求将保持增长势头。

2. 原油供应方面，2018年我国原油产量仍将继续下降

总体而言，我国多数油田生产成本较高，尤其是 20 世纪 60 年代、70 年代投产的油田，目前处于生命周期的中后端，整体维护成本较高。2014 年，国际油价断崖式下跌，导致国内一些油田因开采成本过高而关闭。我们预计，尽管 2018 年国际油价波动重心将继续上移，但对于我国的一些老旧油田来说，生产仍然不经济，

关闭后很难重启。预计 2018 年我国原油产量同比下降 10 万桶/日，客观上仍对原油进口构成支持。

（二）进口来源：来自美洲和前苏联地区的原油进口量将继续增长

从全球原油供应来看，OPEC 减产协议已延长至 2018 年底，预计 OPEC 供应大体稳定，非 OPEC 供应增长成为影响全年供应的关键因素。初步预计，2018 年非 OPEC 全部产油国原油产量同比增加 114 万桶/日，增量主要来自美洲，尤其是美国、加拿大、巴西等国，美洲以外的其他产油国增量较为有限，这也将对我国全年原油进口来源产生一定影响。

1. 我国从中东进口原油的比重继续下降

2017 年 11 月 30 日，第 173 届欧佩克部长级会议落下帷幕，OPEC 与非 OPEC 共同宣布，将减产协议由 2018 年 3 月延长 9 个月至 2018 年底，减产规模不变，拥有豁免权的利比亚和尼日利亚两个国家 2018 年的产量不得超过 2017 年最高水平，利比亚产量上限为 100 万桶/日，尼日利亚产量上限为 180 万桶/日。在此基础上，预计 2018 年，OPEC 总体产量保持稳定，大体持稳于 3227 万桶/日。预计 2018 年中东原油出口资源将继续抽紧，我国从中东国家进口原油的比重将继续下降。

2. 我国自美国进口原油数量有望突破千万吨大关

2015 年底，美国放开长达 40 年的原油出口禁令，随着原油产量回升和出口基础设施不断改善，美国原油出口量迅速增长。2016 年美国原油出口量为 52 万桶/日，2017 年美国原油出口量大幅攀

升至 106 万桶/日，单周出口量一度突破 200 万桶/日大关。美国原油出口流向见图 7。从 2018 年来看，一方面，美国原油产量有望突破 1000 万桶/日大关；另一方面，美国国内基础设施继续改善，出口能力继续提升，有助于推动全年出口量继续增长。我们预计，2018 年我国从美国进口原油的增幅将进一步扩大，美国将成为我国原油进口的重要增长来源，我国自美国进口原油数量有望突破 1000 万吨大关。

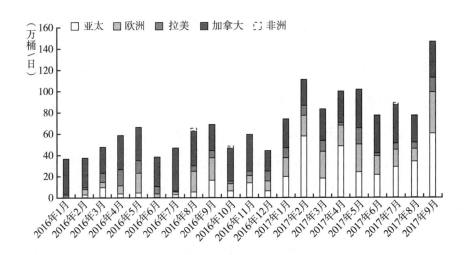

图 7　美国原油出口流向

数据来源：EIA，UNIPEC Research & Strategy（URS）。

3. 俄罗斯仍将为我国最大原油进口来源国

2017 年 11 月 12 日，中俄原油管道二线工程 941.8 公里管道全线贯通，具备了进油条件。2018 年 1 月 1 日，中俄原油管道二线工程正式投产，从俄罗斯输送至中国的原油进口量由现在的每年 1500 万吨增加到 3000 万吨。此外，2017 年 11 月，俄罗斯国家石油公司与中国华信能源公司签署石油供应协议，自 2018 年 1 月 1

日起，俄罗斯国家石油公司将在五年内向中国华信供应原油 6080
万吨，原油品种包括 ESPO、Urals 以及少量 Sokol，年均供应 1200
万吨。预计 2018 年俄罗斯原油东向至我国的原油出口量将进一步
增加，俄罗斯仍将为我国最大进口来源国。

4. 我国与巴西签署新的原油供应协议

2009 年 5 月，中国国家开发银行与巴西国家石油公司签订了
一项 100 亿美元的原油长期供货框架协议，根据该协议，巴西每年
向我国提供 1000 万吨的原油供应，合同期限为 2010 ~ 2019 年。
2017 年 12 月，中国国家开发银行与巴西国家石油公司正式签署 50
亿美元石油贸易融资协议，根据该协议，巴西将每年向我国提供
500 万吨的原油供应，合同期限为 2018 ~ 2027 年。预计 2018 年我
国从巴西的原油进口量将进一步增加。

三　中长期中国原油贸易仍将继续增长

从中长期来看，中国原油贸易量将继续增长，2020 年之前总
体仍将维持较快增速，2020 年之后增速或有所放缓。

从宏观经济来看，中国经济未来将呈现"L"形增长趋势，从
此前的高速增长变为中高速增长，预计 2018 ~ 2025 年，中国 GDP
增速将保持在 6.5% 左右的水平。经济增长放缓将导致基础设施建
设放缓和交通运输方式的转变，进一步抑制石油消费需求的增加。
此外，党的十九大报告中提出了"绿色发展"的理念，要求"推
进能源生产和消费革命，构建清洁低碳、安全高效的能源体系"，
绿色低碳的清洁能源将成为中国未来能源发展大趋势，传统石化能

源将面临不断加大的环保和政策压力。

从炼油业规划来看，随着中国能源市场化改革继续推进，民营炼厂成为中国能源市场的新兴力量，炼油能力迅猛增长。据统计，2017～2020 年，民营炼厂新建及改扩建炼油项目合计加工能力将达到 1.1 亿吨（见图 8）。与此同时，山东地炼有望开启整合重组步伐，炼能或进一步集中。此外，中石化中科炼厂（1000 万吨）、福建古雷石化（1600 万吨）等国有炼油项目也将投产，中国原油进口量在未来一段时间内有望进一步提升。

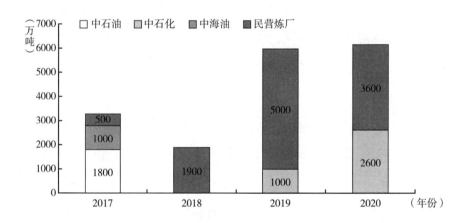

图 8　2017～2020 年新建及扩建炼厂项目

数据来源：媒体报道，UNIPEC Research & Strategy（URS）。

从国内供应来看，随着未来国际油价的逐步恢复，预计中国原油产量会有小幅回升，但仍将稳定在 2 亿吨左右的水平，进口需求仍然较大。此外，中国还将在 2020 年前后完成第三期战略石油储备库建设，预计到 2020 年之前，中国原油进口还将保持比较快的增速，中国原油对外依存度仍将进一步攀升；2020 年之后，随着石油需求放缓、炼能增长放缓，原油进口增速也将趋缓。

从进口来源看，中东地区仍将是中国主要的原油进口来源地，中长期进口比重仍将维持在40%以上。随着中美两国能源领域的合作深化，预计未来中美之间原油贸易合作还将再上一个台阶，以"大美湾"为代表的原油产区将成为我国原油进口增量的主要来源地区，自美洲地区的原油进口量有望在2020年占到中国原油进口总量的20%，届时美洲将取代非洲成为中国第二大原油进口来源地。非洲地区占比或将降至20%以下。此外，中俄原油管道二线在2018年初投入运行，俄罗斯作为中国最大原油进口来源国的地位将得到进一步巩固，而从亚太和欧洲地区进口的原油则将保持稳定或小幅增长的态势。

参考文献

［1］王佩：《OPEC 与非 OPEC 国家联合减产力促全球石油市场再平衡》，《国际石油经济》2017 年第 1 期。

［2］田春荣：《2016 年中国石油进出口状况分析》，《国际石油经济》2017 年第 3 期。

B.8
中国油品贸易现状与展望

高瑞明　张　婧*

摘　要： 2017 年，中国成品油出口规模进一步扩大，成品油出口总量接近 4000 万吨，再创历史新高。但受国内需求旺盛、国家政策管控、出口基础设施瓶颈等因素影响，2017 年成品油出口增速大幅放缓，同比仅增长 3.4%，远低于过去 4 年 32% 的平均水平。此外，2017 年我国 LPG 进口增速继续放缓，石脑油进口量 7 年来首次出现下滑，燃料油进口恢复增长。展望 2018 年，我国成品油出口政策继续向一般贸易倾斜，成品油出口有望保持温和增长，总量有望突破 4100 万吨，同比增长 4% 左右。从中长期看，考虑到国内成品油需求增速放缓，以及 2020 年前后盛虹石化、中科湛江和古雷石化等多个大型炼厂相继投产，预计成品油出口维持逐年攀升态势，跨区贸易和大船拼装成为趋势，将对亚太地区乃至全球成品油贸易格局产生重要影响。

关键词： 中国　成品油出口　LPG　石脑油　燃料油

---

* 高瑞明、张婧，中国国际石油化工联合有限责任公司。

一 2017年中国成品油贸易总量再创新高, 贸易政策发生调整

（一）成品油出口呈现常态化、规模化的特点

2010 年前，中国成品油生产主要是满足国内需求，成品油出口主要用于平衡国内供需结构差异，煤油和柴油供需大体平衡，成品油以汽油出口为主，主要出口到亚太区域。部分时段，国内需求旺盛，尤其在"柴油荒"等出现的时候，还需要进口一定数量的成品油。2010 年以后，随着中国经济增长持续放缓，加之替代能源发展，国内成品油需求增速逐渐放缓。同时，中国炼油业产能不断扩张，原油加工量持续增长，国内成品油资源过剩问题开始凸显，中国炼油工业向出口型方向发展，使得中国成品油贸易格局在短短几年内发生了根本性的变化，进口稳中趋降，出口规模迅速扩大，中国成为亚太地区仅次于印度和韩国的第三大成品油净出口国，对区域内成品油竞争格局产生了重要影响。2017 年，我国加工量继续走高，成品油净出口规模进一步扩大，但受制于国家配额政策调整、出口基础设施限制以及国内需求旺盛的影响，2017 年我国成品油出口增速明显放缓。2017 年全年成品油出口总量 3950 万吨，再创历史新高，同比仅增长 3.4%，远低于上年同期增长 50.3% 的水平（见图 1）。

1. 汽油出口首次突破千万吨

由于国内汽油产能过剩，长期以来中国是汽油净出口国，汽油

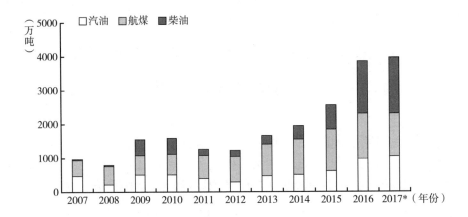

图1　中国成品油出口变化趋势

数据来源：中国海关，Unipec Research & Strategy（URS）。

出口量远大于进口量。2008年，为保障北京奥运会供应，中国削减汽油出口，净出口量一度锐减至3万吨。随着国内炼油能力的不断增长，特别是2012年以来，中国汽油出口规模急剧扩大，2016年净出口量快速提高至838万吨，增幅达55.8%。2017年以来，受乘用车销量低迷、公车改革政策、新能源汽车快速发展和共享单车等因素的冲击，中国汽油终端需求增速明显放缓，汽油出口量继续攀升，首次突破1000万吨，同比增长5.2%，增速远低于2016年64.4%的水平。汽油进口继续减少，至114万吨，同比下降13.1%。

2. 柴油出口继续走高

2012年以来，受原油加工量持续增加的带动，中国柴油一直维持"多出少进"的态势，尤其是2016年中国柴油终端消费首次出现萎缩，柴油出口量剧增，一举突破1500万吨的关口，并超越汽油和航煤成为中国成品油出口市场的第一大品种。2017年，工业生产回暖带动商用车销量大幅增长，支撑柴油终端消费增速由负转正，但在中国原油加工量持续攀升、市场供应过剩压力犹存的情况下，柴油出口量继续走高，全年出口超过1650万吨，同比增长8.4%，占中国成品油出口总量的42%，较上年同期提高2个百分点；柴油进口75万吨，同比下降17.7%。

3. 航煤出口量依然保持高位

2011年以前，因中国民航业快速发展，航煤需求增长强劲，中国航煤一直处于净进口的局面，进口量略大于出口量。2011年以后，国内炼油能力提高较快，导致中国航煤产量增速远超过需求增速，航煤从此由净进口转为净出口，尤其来料加工项下的航煤"以出顶进"业务发展迅速。2017年，国内航空客货运市场较为旺盛，航空运输周转率保持高速增长，带动航煤消费仍旧强劲，尽管如此，市场供需矛盾仍难以缓解，中国航煤出口依然保持在高位，全年出口量为1260万吨，同比小幅下降3.8%；航煤进口370万吨，同比增长5.1%。

（二）成品油贸易政策发生较大调整

1. 成品油一般贸易出口退税政策恢复

中国成品油出口分为一般贸易、进料加工、来料加工、保税仓库货物和边境小额贸易5种方式。2003～2006年期间，为缓解国内成品油供应紧张状况，国家先后多次出台政策管控成品油出口，并于2006年取消了柴油和汽油出口退税政策。因此，在过去十年中，来料加工贸易凭借无须缴纳成品油消费税和增值税的优势逐渐成为炼油企业成品油出口的主要方式。2003～2016年，中国成品油来料加工出口占成品油出口总量的比例由9%提高至75.5%。近年来，在国内经济下行压力影响下，中国成品油需求低迷，加上炼油能力过剩问题加重，成品油供应过剩成为新常态。为化解炼油产能过剩，以及更好地帮助炼油企业"走出去"、深度参与国际贸易竞争，2016年11月，财政部和国家税务总局联合发布了《关于提高机电、成品油等产品出口退税率的通知》，宣布自2016年11月1日起成品油增值税出口退税率提高至17%。在这一政策的带动下，2017年一般贸易出口呈现快速增长的势头。中国海关数据显示，一般贸易出口从1月份的10万吨提高至11月份的232万吨（见图2），1～11月一般贸易出口总量达843万吨，占成品油出口总量的23.4%；来料加工出口1786万吨，占成品油出口总量的49.5%，较上年同期下降25.6个百分点。

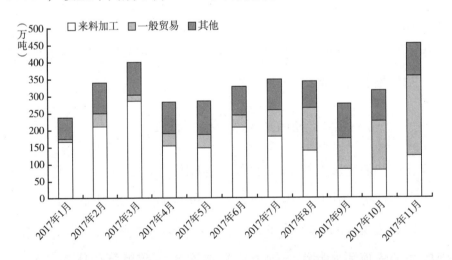

图2　2017年来料加工出口和一般贸易出口变化趋势

数据来源：中国海关，Unipec Research & Strategy（URS）。

2. 地炼成品油出口配额取消，主营单位出口配额有所减少

为避免中国石油资源出现"大进大出"的情况，2017年以来，

国家对成品油出口政策逐步收紧，对出口总量进行控制。一是国家暂停向地炼下发成品油出口配额，地炼成品油出口之路被迫暂停；二是国家向主营炼厂发放加工贸易出口配额的力度明显放缓，2017年加工贸易出口配额为 2644 万吨，比 2016 年下降 42.6%。虽然有1656 万吨的一般贸易出口配额作为补充，但配额总量仍比 2016 年低 305 万吨。

（三）成品油出口主要集中在亚太地区

从流向看，长期以来亚太地区是中国最大的成品油出口市场，主要目的地国为新加坡、马来西亚、印尼、越南和菲律宾等东南亚国家。但近年来，受欧美、中东等地区成品油出口，以及亚太区内韩国、印度等国成品油出口量日益增加的影响，中国的成品油传统出口市场竞争日趋激烈，推动中国成品油出口结构也发生较大变化。

1. 汽油出口仍以亚太区内为主，但向部分传统国家的出口呈下降趋势

除少部分出口到哈萨克斯坦外，目前中国超过 95% 的汽油出口流向东南亚国家，流向前三大出口目的国新加坡、马来西亚和印尼的占比高达 90%。近年来，中国向新加坡、马来西亚的汽油出口量增长明显，而向印尼和越南的出口则呈下降趋势。2017 年，中国向新加坡出口汽油 600 万吨，同比增长 13.2%；向马来西亚出口 250 万吨，同比增长 70%，马来西亚连续两年超过印尼，成为我国第二大汽油出口国；向印尼仅出口 85 万吨，同比略增4.9%，比 2011 年的历史最高水平低 160 万吨；向越南出口 15 万吨，同比下降 53.1%（见图 3）。

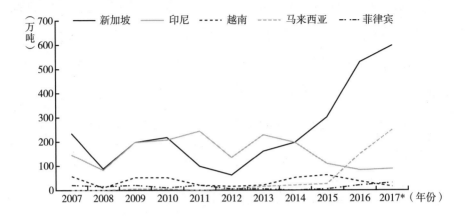

图3 中国向前五大汽油出口国家出口趋势变化

数据来源：中国海关，Unipec Research & Strategy（URS）。

2. 柴油出口亚太的份额总体呈逐步上升趋势，面向韩国的出口快速增长

中国的柴油出口也主要集中在亚太市场，出口到亚太市场的比例总体呈上升趋势，由2007年的73.6%提高至2017年的96.6%（见图4）。从出口目的国来看，新加坡是中国柴油出口第一大目的地，但近两年中国对新加坡出口柴油增长有限，份额也随之下降。2017年，中国对新加坡柴油出口为370万吨，同比基本持平，出口份额为25.7%，较上年同期下降2个百分点。与此同时，中国对韩国柴油出口出现快速增长，达到200万吨，同比增长270%。

3. 销往亚太的航煤下降，而销往欧美的航煤增加

中国航煤传统的出口对象为亚太区域。但近年来，在国内航煤资源持续过剩的局面下，中国主要炼油企业积极寻求航煤出路，开拓亚太区外市场，航煤出口地区结构悄然改变，主要体现为中国出口到亚太区内的航煤数量和份额逐步回落，而出口至欧美市场的航

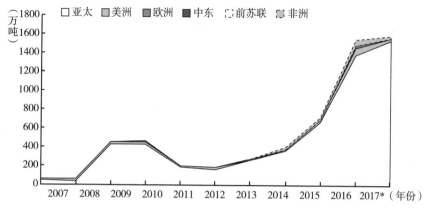

图 4　中国柴油出口流向（分地区）

数据来源：中国海关，Unipec Research & Strategy（URS）。

煤数量和份额则逐步提高（见图 5）。2017 年，中国对亚太的航煤出口量为 778 万吨，同比下降 12.8%，占中国航煤出口总量的 64.5%，较上年同期下降 3.6 个百分点；中国对欧美的航煤出口量为 361 万吨，同比增长 3.7%，占中国航煤出口总量的 30%，较上年同期下降 3.5 个百分点。

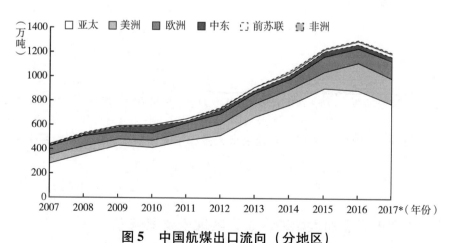

图 5　中国航煤出口流向（分地区）

数据来源：中国海关，Unipec Research & Strategy（URS）。

4. "一带一路"沿线国家成为成品油出口增长的新亮点

中国"一带一路"倡议给成品油出口渠道多元化提供了良好的契机。借助这一倡议，中国向"一带一路"沿线国家的成品油出口呈增长的态势，其中菲律宾、斯里兰卡和孟加拉国成为中国成品油出口增长的新亮点。2017年，中国向"一带一路"沿线国家出口成品油高达2260万吨，同比增长9.3%，占中国成品油出口总量的比重将近60%。其中，向菲律宾出口汽油近30万吨，同比增长46.8%，出口柴油320万吨，同比增长32.7%；向斯里兰卡出口汽油23万吨，同比增长109%；向孟加拉国出口柴油150万吨，同比增长26.3%，新增航煤出口18万吨。中国向菲律宾、斯里兰卡和孟加拉国出口成品油变化趋势见图6。

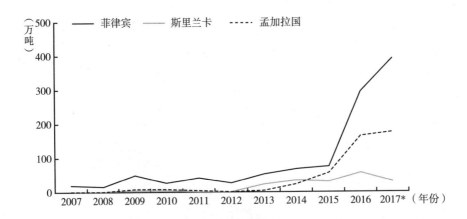

图6　中国向菲律宾、斯里兰卡和孟加拉国出口成品油变化趋势

数据来源：中国海关，Unipec Research & Strategy（URS）。

（四）成品油大船跨区贸易实现重要突破

近年来，亚太地区炼油产能持续扩张，区内成品油供应总体过剩，竞争日趋激烈，中国开辟区外贸易成为必然趋势。2017年以来，通过大船拼装、仓储运作以及引进贸易团队等方式，以中石化为代表的国有石油公司通过大船拼装优化，将成品油贸易拓展至西北欧、地中海、北美、拉美以及非洲等区外市场。2017年9月，中石化租用VLCC（30万吨级）拼装柴油出口到区外市场，开创了国内使用VLCC巨型油轮装载柴油出口的先河。

二　2017年中国LPG、石脑油和燃料油 贸易表现出不同特征

除汽、煤、柴等主要品种外，2017年我国石脑油、LPG和燃料油贸易也表现出不同的特征。

（一）LPG进口增速放缓，进口来源发生变化

近年来，中国LPG市场逐步摆脱过去几年萎靡不振的局面，重新迎来春天。2014年以来，我国每年有2~3座丙烷脱氢（PDH）装置投产，推动LPG进口需求迅猛增长。2014~2015年，我国LPG进口增速高达70%。2016年以来，随着PDH装置新增产能的减少，中国进口LPG需求逐渐放缓。2017年，尽管只有一座混合烷烃脱氢装置（产能为10万吨/年）投产，但由于国内PDH装置的利润仍较为可观，国内市场对LPG的需求量保持增长，进口量突破1800万吨，同比增长12%，低于2016年33.4%的增长水平。

从进口来源看，我国LPG进口六成以上来自中东地区。2017年，我国自中东进口LPG1200万吨，同比增加11%，其中以自阿

联酋、卡塔尔、科威特和沙特的进口为主。值得注意的是，2014～2016年来自美国的LPG呈快速增长趋势，美国超过卡塔尔成为我国LPG第二大进口来源国；2017年全年从美国进口LPG 300万吨，同比下降9.4%，占中国进口LPG总量的16.7%（见图7）。

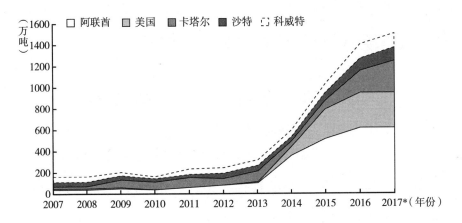

图7　我国 LPG 前五大进口国情况

数据来源：中国海关，Unipec Research & Strategy（URS）。

（二）石脑油进口量七年来首次出现下滑

由于国内石化产业链的不匹配增长，上游炼油能力增速远远低于下游化工产业链的增长，中国石脑油进口量逐年增长。然而，2016年以来，随着地炼进口原油加工比例的持续提高，石脑油收率提高，进而使中国石脑油供应量增加，2016年下半年石脑油进口开始出现萎缩。在地炼石脑油产量继续增长的带动下，2017年，中国石脑油供需缺口进一步收窄，石脑油进口量七年来首次出现下滑，至660万吨，同比下降1.4%。

从进口来源看，韩国始终是我国石脑油第一大进口来源国。近两年受韩国国内 PX 装置需求增加影响，中国从韩国进口增速放缓，2017 年进口量为 220 万吨，同比下降 6%；而从俄罗斯进口呈逐年攀升的态势，2017 年进口量为 150 万吨，同比增长 50%。此外，从中东地区尤其是沙特和阿联酋的进口量有所增加（见图 8）。

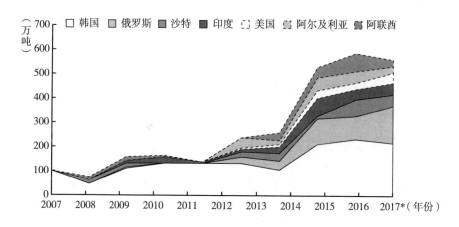

图 8　中国进口石脑油来源国情况

数据来源：中国海关，Unipec Research & Strategy（URS）。

（三）燃料油进口恢复增长

长期以来，受国家原油贸易政策限制，燃料油过去作为地方炼厂的主要进料一直是进口量最多的油品品种。但自 2015 年国内原油进口"双权"放开后，地炼加工原料瓶颈消除，对进口直馏燃料油需求大幅萎缩。2016 年燃料油进口锐减至 1187 万吨，为 1997 年以来的最低水平。目前，我国燃料油进口量仍以船用保税油为主。船用油方面，受经济回暖影响，船运市场整体有所改善，国际货物运输需求恢复增长，2017 年中国燃料油进口回升至 1350 万吨，同比增长 13.7%。

分进口来源看，中国燃料油进口来源国逐步集中化。随着地炼对进口直馏燃料油需求下降，来自委内瑞拉、俄罗斯的燃料油进口量大幅下降，而自马来西亚、新加坡的进口量稳步增长。2017年中国从新加坡和马来西亚分别进口630万吨、135万吨，同比增长78%和14%；而从委内瑞拉、俄罗斯的进口量均同比下降80%。

三　2018年中国成品油出口有望保持温和增长

（一）成品油出口保持温和增长的态势

2018年，在国内经济增长趋稳的宏观背景下，中国成品油需求有望维持温和增长。此外，浙江石化一期和恒力石化有望于2018年四季度相继上马，届时国内成品油资源过剩问题将继续困扰中国市场，扩大出口仍是维持炼油企业正常运营的重要出路，但在国家政策调控之下，成品油出口将继续保持温和增长。预计2018年成品油出口有望突破4100万吨，同比增长近4%。

（二）成品油出口市场向南亚、欧洲和非洲延伸

从全球成品油供需格局看，2018年汽油缺口主要集中在拉美、非洲和中东地区，航煤缺口主要集中在非洲和欧洲地区，柴油缺口主要集中在拉美和非洲。2018年，我国成品油跨区贸易规模有望继续增长。目前，中国成品油出口目标市场依然主要集中在东南亚，但随着东南亚地区的成品油市场竞争日趋激烈，我国炼油企业亟待扩大对南亚、澳洲、非洲、拉美等区外市场的出口力度，尤其

是在"一带一路"倡议的带动下，重点开拓孟加拉国、斯里兰卡、巴基斯坦、澳大利亚、南非、法国、荷兰、哈萨克斯坦和土库曼斯坦等国市场。

（三）成品油出口贸易方式继续向一般贸易倾斜

随着国家对环保重视程度日益提高，炼油行业环保改革多管齐下，加工贸易出口形势越来越不符合发展趋势。2018 年中国成品油出口将继续弱化加工贸易，一般贸易出口份额将继续快速增加。2017 年 12 月末，中国商务部正式下发 2018 年首批成品油出口配额，其中一般贸易配额 1624 万吨，已接近 2017 年全年水平，而加工贸易配额仅有 376 万吨。

（四）成品油大船跨区贸易成为趋势

在亚太区内成品油竞争日趋激烈的情况下，开拓跨区贸易成为新趋势，中国流向欧洲、非洲和拉美等地的成品油船货将日趋活跃。从经济性的角度考虑，跨区贸易往往要求大船拼装出海。未来中国炼油企业需要继续整合国内成品油出口基础设施，加快在全球成品油进出口集散地建立贸易网点，完善全球成品油储运设施，加大成品油拼装和大船装运出口力度，扩大规模运输效益，全面提升竞争力。

（五）LPG 进口增长进一步放缓

目前国内丙烷脱氢装置的利润仍较为可观，使得国内市场对丙烷需求量增加；同时，中国炼油企业生产高质量国 V 汽油将使 LPG

原料用量增多，因此 LPG 供需缺口仍将持续存在。此外，考虑到 2018 年只有福建美得石化 1 座 PDH 装置投产，产能为 66 万吨/年，预计 2018 年我国 LPG 进口量将有望超过 1900 万吨，同比增长 8% ~ 10%。

（六）石脑油进口由负增长转向缓慢增长

随着地炼重整装置的陆续上马，国内石脑油需求有望继续增长，届时部分地方炼厂由外销石脑油变成外采石脑油，国内市场上石脑油资源减少，部分企业或将恢复对进口石脑油的使用，预计 2018 年我国石脑油进口或有所恢复。

四　中长期中国成品油贸易更具规模化和基地化

（一）成品油出口更具规模化

从中长期看，中国经济进入新常态，增速趋缓，加上替代燃料多元化发展，中国成品油需求继续保持低速增长。此外，2018 年之后，盛虹石化、中科湛江项目、古雷石化等多个大型炼厂相继投产，中国炼油产能仍将保持迅猛增长，届时国内成品油供应压力将愈演愈烈，成品油出口逐年攀升的趋势或难以改变。预计到 2025 年，全国炼油能力或达到 9.4 亿吨/年，按照 80% 的开工率和 60% 左右的收率测算，届时成品油产量约为 4.5 亿吨，成品油消费量约为 3.6 亿吨，供应过剩将扩大至 0.9 亿吨。

（二）成品油出口更加基地化

随着"十三五"末上海漕泾、浙江宁波、江苏连云港、广东惠州、福建古雷、大连长兴岛、河北曹妃甸七大炼化基地的建成，我国成品油出口未来将更加集中化、基地化。针对目前成品油出口运输成本高、港口接卸能力较弱、配套措施不健全等问题，炼油基地未来有望逐步改进物流基础设施建设，大幅提升码头和罐容承载能力，加大成品油拼装力度，增加贸易灵活性，扩大规模出口效益。从中长期来看，预计我国成品油出口设施将大幅得到改善，我国成品油出口效益和国际竞争力有望进一步提升。

（三）成品油市场化进程加快，成品油出口主体多元化

自 2015 年进口原油"双权"开始放开后，2016 年地炼曾短暂获得成品油出口配额。目前，中国的成品油出口仍以中石化、中石油、中海油和中化 4 家国有石油企业为主。随着浙江石化、恒力石化和盛虹石化等大型炼厂相继投产，加上地炼抱团"出海"，国内成品油过剩的局面将不断蔓延，成品油市场化进程将进一步加快，未来成品油出口管理或将适当放宽，出口权有望向民营炼厂逐步放开，届时国有石油企业和民营炼厂将共同开展成品油出口业务，出口主体多元化的局面有望逐步形成。

（四）LPG 或迎来下一个爆发式增长阶段

从中长期看，根据目前公布的规划，2019～2021 年东华能源、浙江卫星、浙江石化等多套装置将逐步投产，PDH 装置将迎来下

一个辉煌的阶段，中国 LPG 进口市场后期发展潜力依然巨大，预计 2019 年新增产能为 230 万吨/年，2020 年新增产能为 126 万吨/年，届时我国 LPG 将迎来下一个爆发式增长阶段（见表 1）。

表 1　未来新增 PDH 装置投产情况

项目	新增产能	投产时间
浙江石化一期	60 万吨/年	2018 年底
浙江卫星石化二期	45 万吨/年	2019 年
宁波福基石化二期	66 万吨/年	2019 年
天津渤化二期	60 万吨/年	2019 年
东华能源曹妃甸一期	66 万吨/年	2020 年
东莞巨正源科技一期	60 万吨/年	2020 年
东华能源曹妃甸二期	66 万吨/年	待定
东莞巨正源科技二期	60 万吨/年	待定

数据来源：卓创、Unipec Research & Strategy（URS）。

（五）高硫船用燃料油逐步被柴油与低硫燃料油取代

2016 年 10 月 27 日国际海事组织（IMO）发布的《MARPOL 公约》规定，2020 年后从事国际航运的船舶将不允许使用含硫量超过 0.5% 的燃油，这一规定适用于包括油轮、散货船、集装箱船在内的所有船只。目前船用燃料主要为高硫燃料油，含硫量为 3.5%，需求量约为 350 万桶/日，占船用燃油需求量的 80% 左右。从后市看，船用油品将向低硫化发展。鉴于全球低硫燃料油生产能力有限，不能完全满足需求，因此目前多数船东比较认可的方式是用低硫柴油调和高硫燃料油，这有望拉动柴油需求增长，抑制高硫船用燃料油需求，因此预计未来中国燃料油进口将逐步减少。

参考文献

［1］刘小丽：《2016 年我国成品油出口形势分析及政策建议》，《专家建议》2017 年第 2 期。

［2］方壮志、钱进：《我国成品油贸易出口面临的困境及应对措施》，《对外经贸实务》2016 年第 4 期。

［3］李军、张丰胜：《中国成品油出口贸易发展现状及展望》，《国际石油经济》2016 年第 8 期。

［4］田春荣：《2016 年中国石油进出口状况分析》，《国际石油经济》2017 年第 3 期。

［5］钟飞、王小强、杨之琪：《2015 年中国成品油出口情况及市场前景预测》，《国际石油经济》2016 年第 3 期。

［6］田秋瑾：《2016 年中国燃料油供需概况及进口燃料油数据分析》，《隆众资讯》。

［7］张春宝：《国际成品油运输现状及我国成品油出口运输探讨》，《当代石油石化》2011 年第 5 期。

勘　探　篇

Exploration Reports

B.9

全球油气勘探开发进展与2018年展望

罗佐县　杨国丰　卢雪梅*

摘　要：　2014年油价下跌之后，全球油气勘探工作量呈下降趋势，2016年从事油气钻探作业的钻机总数开始止跌回升。2016年全球新增常规油气储量不到100亿桶油当量，创下1956年以来的最低水平。非常规油气勘探开发则持续推进，美国的页岩油气产量在全美油气总产量中的占比将分别达到61.9%和73.2%。近十年来最具开发潜力的阿根廷瓦卡穆

* 罗佐县，中国石化经济技术研究院副所长，博士，研究方向为能源经济与战略；杨国丰，中国石化石油勘探开发研究院，硕士，高级工程师，研究方向为石油地质与经济政策；卢雪梅，中国石化石油勘探开发研究院，硕士，高级工程师，研究方向为石油经济与信息。

尔塔（VacaMuerta）页岩区的勘探开发工作持续推进，成本快速降低。中国南方地区页岩气的勘探开发工作逐步推进。天然气水合物开发在中国南海神狐海域取得重要突破。低油价下油气行业不断进行技术创新和管理创新，信息与数字化技术在油气勘探开发中的应用渐趋广泛，油气公司重视通过组建战略联盟应对低油价，油服公司通过逆向一体化扩展生存空间。预计2018年全球油气上游投资将实现增长，可达4110亿美元。页岩油产量将继续保持增长，美国将实现20%的增长。常规油气潜力则主要来自中东和拉美地区。

关键词： 油气勘探　常规油气　非常规油气　技术创新　管理创新

2014年油价下跌之后，石油公司开始大幅削减投资。从披露的信息看，2015～2020年全球石油公司削减投资额在1万亿美元。面对低位油价，油公司采取一系列降本增效措施，就2016～2017年的表现看，多数公司基本适应了低油价的影响，FID项目数量连续两年增长。但总体看来，当前油气行业的投资依然处于历史低位，勘探开发作业量投入不足，导致2016年和2017年全球年度新增常规油气储量接连创下新低。非常规油气领域虽有重大进展，但局限于少数地区。勘探工作量止跌回升，北美地区增长幅度领先全球。

一 全球油气勘探工作量"止跌回升"

根据贝克休斯的统计数据，截至 2017 年 11 月底，全球从事油气钻探作业的钻机总数平均为 2024 台，虽不及 2014 年度峰值水平的 60%，但较 2016 年已经出现较大幅度增长（见图 1）。2014 年油价下跌以来，为应对低油价，石油公司普遍采取了向核心业务聚焦策略，削减投资并严格投资项目决策程序，作业钻井量大幅下降，到 2016 年 9 月降至近十年历史最低水平。2017 年随着油价的逐渐回升，钻机作业量又开始增长，北美地区增幅全球领先，且主要集中在二叠、巴肯以及伊格尔福特地区的页岩油领域。2017 年美国页岩油气并购金额达到 220 亿美元。勘探工作量和并购金额的增长现象一定程度上说明页岩油在当前油价水平下已经基本具备重新增长的条件。

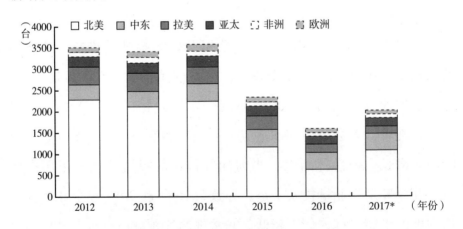

图 1 2012 年以来全球作业钻机量

注：2017 年为 1～11 月平均，其余各年为全年平均。

数据来源：贝克休斯。

二 油气发现在常规和非常规领域表现迥异

（一）常规油气发现创新低

在作业钻机数量和勘探作业量大幅降低的影响下，近几年全球常规油气发现的新增储量大幅减少。根据 IHS 的统计，2016 年全球新增常规油气储量只有不到 100 亿桶油当量，创下 1956 年以来的最低水平。RystadEnergy 在 2017 年 12 月初发布的报告中认为，2017 年全球新发现常规油气储量只有不到 70 亿桶油当量，再创新低（见图 2）。根据 Rystad Energy 的估算，2017 年全球常规油气的储量替代率已降至 11%，2012 年时全球常规油气的储量替代率还能达到 50%，2006 年时曾为 100%。不仅总量在减少，常规油气发现的规模也在变小。2017 年海洋油气平均发现规模为 1 亿桶油当量，而 2012 年时这一数字为 1.5 亿桶油当量。2017 年新发现的 70 亿桶油当量中，有约 10 亿桶油当量在可预见的未来难以实现商业生产。鉴于常规油气从发现到投产的周期较长，且短期内美国页岩油产量增长能够弥补其他地区产量下滑，因此常规油气发现不足带来的油气产量下滑和进而引起的石油供应紧张短期内不会出现。

（二）非常规油气勘探开发在重点地区持续推进

1. 页岩油气勘探开发在美国、中国、阿根廷有一定进展

EIA 统计数据显示，2017 年 9 月美国的石油产量约为948.1 万桶/日，其中一半以上是页岩油。2017 年全年美国的石油产量为

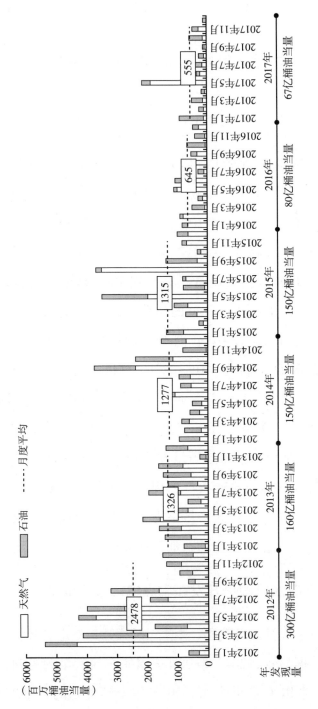

图 2　2012 年以来全球新增常规油气储量变化

数据来源：Rystad Energy。

930 万桶/日，仅次于 1970 年的 960 万桶/日，有望成为美国历史上石油产量第二高的年份。目前美国境内的油气钻探活动仍旧由页岩油气主导。截至 2017 年 12 月 15 日，在美国境内从事油气钻探活动的作业钻机数量为 930 台，同比增加了约 45%，其中从事页岩油气钻探的有 757 台，同比增幅超过 50%；海上、阿拉斯加和陆上其他地区的作业钻机数为 173 台，增加了约 25%，主要来自墨西哥湾海上。页岩油气作业钻机数在全美油气作业钻机数中的占比超过了 80%，而在油价下跌前这一比例一直保持在 75% 左右（见图 3）。钻机数量的增加带来了油气勘探开发作业量的回升。

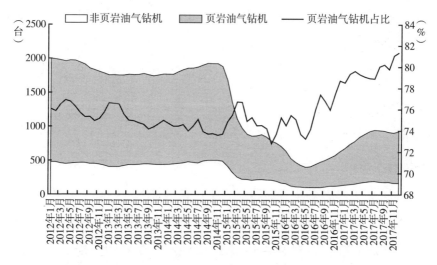

图 3　2012 年以来美国境内作业钻机数量与页岩油气钻机占比

数据来源：贝克休斯。

页岩油气继续在美国油气产量增长中扮演主要角色。根据美国能源信息署的统计，截至 2017 年 11 月底，美国的页岩油气产量分别为 621.7 万桶/日和 17.4 亿立方米/日，12 月分别增至 631.4 万桶/日和 17.6 亿立方米/日，2017 年全年平均产量分别达到 575.4

万桶/日和 16.3 亿立方米/日，同比分别增长 8.2% 和 7.7%，在全美油气总产量中的占比分别达到 61.9% 和 73.2%。

阿根廷的页岩油气勘探开发活动主要在内乌肯（Neuquen）盆地的瓦卡穆尔塔（VacaMuerta）页岩区，被认为是最近十年最具开发潜力的页岩油气资源。截至 2017 年 11 月底，该区内 1/3 的地区已经直井或水平井验证，预计拥有 20 亿~30 亿桶页岩油和 95 亿桶油当量的页岩气资源，另外 2/3 的地区仍有待进一步通过钻井验证来确定资源潜力。目前瓦卡穆尔塔页岩区的勘探开发以页岩气为主，生产试验表明该区页岩气井的生产特征更好，而且该国的气价政策对页岩气开发更有力，预计这一情况将持续到 2021 年。2010 年以来，阿根廷国家石油公司（YPF）及其合作伙伴雪佛龙、陶氏化学等公司已在瓦卡穆尔塔页岩区完钻了 588 口直井和水平井，目前其页岩气产量为 651 万立方米/日，页岩油产量约为 5 万桶/日，页岩油气水平井的钻、完井成本也一直在降低，目前约为 650 万~780 万美元。

中国是继美国和加拿大后第三个成功实现页岩气开发的国家。近两年来涪陵页岩气田的开发如期展开。截至 2017 年上半年，已累计投产 254 口页岩气井，建成 73.25 亿立方米的产能，页岩气累计产量在 2017 年 3 月突破 100 亿立方米。涪陵以外地区的页岩气勘探活动也在稳步推进，湖南、湖北、贵州等地的页岩气勘探取得一定进展，南方地区的页岩气资源潜力正逐渐被开发，为我国页岩气产业的进一步发展奠定了基础。

2. 天然气水合物开发在中国取得重要突破

目前世界上 30 多个国家和地区进行过相关的天然气水合物研

究与勘探开发。中国、美国、日本和加拿大等国先后发现了大规模的天然气水合物矿藏，也进行了多次试采。2017年中国天然气水合物的试采取得较大进展。

2017年5月10日，中国开始在南海神狐海域天然气水合物矿点进行试采，整个过程一直持续到7月9日。此次试采连续产气60天，累计产气量超过30万立方米，平均产气量在5000立方米/日以上，属中国首次成功试采天然气水合物，也是世界首次成功实现资源量占全球90%以上、开发难度最大的泥质粉砂型天然气水合物安全可控开采，取得了持续产气时间最长、产气总量最大、气流稳定、环境安全等多项重大突破性成果。2017年11月，国务院批准将天然气水合物列为中国第173个矿种，确立了天然气水合物的法律地位。

三 油气技术持续进步，运营模式持续创新

近年来油气行业在相关技术和模式上做出了一系列创新，突出表现在三个方面，即信息与数字化技术应用提高效率、结盟实现共享发展以及油服通过逆向一体化扩展生存空间。

（一）信息与数字化技术应用提高油气项目效率

智能化和数字化是近年来油气领域发展的重要动向之一。伍德麦肯兹的一份研究报告称，有效利用数字技术可以帮助油气工业降低20%左右的资本支出，将上游经营成本降低3%~5%，大数据是未来数字技术的重要内容。在本轮低油价期间，部分美国页岩油

公司通过信息与数字化技术提高了作业效率，在人员大量减少的情况下仍能保证作业量的稳定，是其成功应对低油价的有效措施之一。

EOG 公司有"石油业界的苹果"之称，近几年公司在作业中大量采用了高科技手段，在投资削减、作业人员减少的情况下保持了页岩油产量的稳定。该公司为自己量身打造了一款名为 iSteer 的手机应用程序（App），地质工程师可以通过该 App 向 100 英里以外的钻机发送指令，钻井工人收到 App 提示之后能够马上调整钻头位置，使钻井工作窗保持在 10 ~ 15 英尺，确保井筒处于最理想的层位，而整个调整只需几分钟。目前该公司在用的 App 有 65 款之多，iSteer 只是其中之一。这些 App 帮助 EOG 公司极大地提高了页岩钻井效率，该公司目前在西得克萨斯地区完成 1 英里（约合 1600 米）以上水平段钻探平均用时为 20 天，最低的甚至只有 10.5 天，较 2014 年时的 38 天减少了近 50%。

康菲石油公司借助大数据技术提高了伊格尔福特页岩区的钻井作业效率，节省了投资。康菲公司在伊格尔福特页岩区在产井的生产设备上安装了微型传感器，实现了井下数据的实时收集，利用 TIBCO 软件公司（Tibco Software）的 Spotfire 可视化数据包对这些数据进行对比分析，通过程序实现钻头马力和钻速的自动调节，将该区的钻井时间缩短了一半。该公司计划未来在伊格尔福特页岩区新钻 3000 多口井，如果都使用该方法，则可以节省数十亿美元的费用。

伊格尔福特页岩区最早参与者之一——美国新世纪勘探公司表示，油气勘探开发的未来很大程度上取决于数据和数字化技术，油公司应该重视并迅速采取行动尝试在油气领域更广泛地使用数字化技术。近年来的技术进步大幅提高了油气行业的生产效率，过去6年间每台钻机的产油桶数年均增长25%，那些能够充分利用数据的经营者最终成为赢家。只有小部分油田实现了数字化，而获得的大量数据只是被归档，并未用来做进一步研究。随着美国页岩区的开发从核心区向非核心区转移，对"大数据库"的深入挖掘和分析势在必行。

2017年10月底，微软与雪佛龙签署"七年之约"，微软将成为雪佛龙的主要科技服务供应商，帮助雪佛龙加快包括数字分析、物联网等在内的先进技术应用，以提高公司生产效率，推动业绩增长。此次双方合作所包含的范围非常广，从油藏到炼厂再到销售点，几乎包含石油勘探开发的整个产业链；战略合作关系也扩展到更广泛的技术领域，将从技术和业务流程的角度来关注联合创新。

（二）通过战略结盟实现共享发展

1. 油公司加强合作力度

加强协作是油公司抵御油价寒冬的重要手段之一。在本轮低油价期间，诸多油公司就通过这种方式来共享发展机遇、分摊行业风险。2016年6月初，由BP、Det Norske和Aker共同发起了一家同时具备独立公司的灵活性和国际油公司技术优势的新公司Aker BP公司，其主要资产来自BP挪威公司（BP Norge）和Det Norske公司，目的是借助联盟关系构建一种新型模式。Aker BP将会与服务商建立联盟关系并且以激励合同取代之前的处罚合同，

同时在新公司管理上借鉴非油气行业的经验，提高自动化和标准化程度，从而可以减少50%的管理时间和25%的执行时间，将成本降低15%～30%。在2017年的挪威油气区块招标中，Aker BP在与服务商Subsea和Aker Solutions组建联盟之后才参与竞标，结果其项目成本和作业周期都优于其他竞标者。2017年11月，Aker BP与马士基和哈利伯顿分别签署为期五年的钻井联盟协议，将采用一体化交付模式来进行油气钻井活动，这能为双方创造更大的价值。

巴西国家石油公司（以下简称巴西国油）对低油价下的结盟策略推崇有加。公司认为目前环境下的结盟可为公司带来可观的潜在效益。2017年3月，巴西国油与道达尔正式签署组建战略联盟协议，双方将在上下游领域建立伙伴关系，加强包括作业、研究与技术等领域的合作。7月巴西国油与中石油签署结成战略伙伴关系的谅解备忘录，承诺共同评估巴西国内外双方有共同利益的合作机会，并在包括潜在的融资等在内的油气供应领域发挥双方技术与经验优势。12月与埃克森美孚签署了关于"共同识别和评估潜在商业机会战略联盟"的谅解备忘录。双方将对共同感兴趣的领域进行评估，综合其在油气生产价值链各个环节的经验开展工作。

2. 油服公司协作力度也进一步加大

斯伦贝谢与威德福公司在2017年4月宣布建立联盟关系，并成立合资公司OneStim，专攻北美非常规市场，双方将各自在北美的水力压裂和泵送以及多级完井和射孔业务注入合资公司，斯伦贝谢拥有70%股份，负责管理运营，并一次性向威德福支付5.35亿美元现金。2017年8月，微软与哈里伯顿组建"数字化石油和天然气工业联盟"，把AR、VR、机器学习和物联网等技术应用到石油工业中，希望借此推动石油和天然气行业的数字化转型。10月初，英特尔与威德福宣布进行合作，将利用云计算、高级分析和物联网等技术建立一个端到端的数字油田解决方案，使油气上游领域获得更高的效率。

四 2018年全球油气勘探开发将逐步改善

（一）油气上游投资企稳回升

2017年全球油气上游投资为4080亿美元，预计2018年将会略有增长，至4110亿美元，常规油气项目投资总额基本持平（见图4）。虽然投资规模增幅很小，但考虑到油价略微增长，油公司的现金流估计会比较充裕。预计通过最终投资决策的上游项目也将继续增加，由2017年的20个增至25个（见图5）。其中，巴西将在Libra、Buzios和Sepia三个巨型项目通过最终投资决策的推动下成为2018年投产储量最大的国家。以色列的Karish和Tanin、赤道几内亚的R. FLNG和中国的陵水是2018年将做出最终投资决策的几个大型深水项目。

（二）页岩油产量保持增长

油价回暖也将带来美国页岩油产量爆发式增长，预计美国大型页岩油生产商可在55美元/桶的油价水平下实现盈利，从而推动页

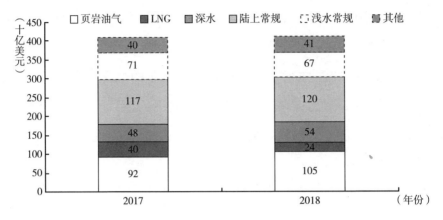

图 4　2017 年与 2018 年全球上游投资构成对比

数据来源：伍德麦肯兹。

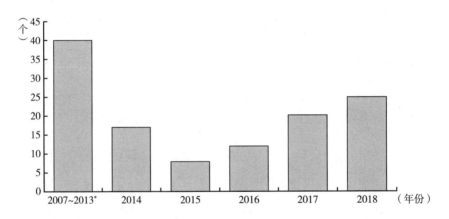

图 5　2007～2018 年上游做出最终投资决策的项目数量

数据来源：伍德麦肯兹。

岩油产量进一步增加，2018 年美国页岩油产量将增长 20% 以上，约达 120 万桶/日，年均产量有望达到 620 万桶/日，其中 60% 的增量来自二叠盆地。不过美国页岩油的产量增长过程面临成本增加的挑战。主要是页岩油井产能和服务价格几乎再没有增加的空间，页岩油生产商能尝试的新方法也已所剩无几。页岩油维持产量稳定需要大量新增钻井，而条件较好的"甜点区"面积有限，随着井距越来越小，井间干扰导致产量衰减加快的风险越来越高，也就意味着其成本将要增加。页岩油生产向次级甜点区拓展是大势所趋，但这些地区的生产特征相对较差。统计数据显示，2017年在二叠盆地沃夫坎（Wolfcamp）页岩区次级区所钻的井有2/3表现出投产首180日内单位水平段产量下降的趋势，产量下降的同时成本上涨。预计2018年美国页岩油的平均保本成本将在目前水平的基础上增加15%，页岩油气商消化成本上涨将寄希望于减税政策的实施。

（三）中东和拉美上游常规油气潜力得以释放

中东和拉美将是2018年油气上游项目发展潜力最大的地区。预计伊朗和阿联酋2018年将授出的油气项目总资源量达到约100亿桶油当量，伊朗未来将有280亿桶油当量的油气资源进行招标，预计2018年将完成50亿桶油当量项目许可的授出，阿扎德干（Azadegan）、Ab-Teymour和曼苏里（Mansuri）三个项目在2018年授出的可能性最高。阿联酋海上ADNOC区块将在2018年3月到期，届时其将被拆分为3个独立区块后再进行招标。拉美无疑是2017年油气勘探最热点的地区，2018年将延续这一趋势，但竞争将会非常激烈。拉美地区的国家石油公司普遍面临资金和资产组合调整的需求，这对其他公司而言就是机会。墨西哥国油2018年将继续通过组建合资公司的方式推动油气产量恢复增长，巴西国油则会加快非核心资产的剥离进度，阿根廷国油也需要借助外部资金和技术开发瓦卡穆尔塔页岩区的油气资源。

石油蓝皮书

参考文献

［1］ Baker Hughes, "North America Rotary Rig Count Current Week Data".

［2］ "Oil discoveries are at an all-time low-and the clock is ticking".

［3］ EIA, "Drilling Productivity Report", https：//www. eia. gov/ petroleum/drilling/.

［4］ EIA, "Crude Oil and Petroleum Product Exports Reach Record Levels in the First Half of 2017".

［5］ EIA, "U. S. Liquefied Natural Gas Exports have Increased as New Facilities Come Online".

［6］ Woodmac, "The Edge：Where are the tight oil plays outside the US?", 2017.

B.10
中国石油资源勘探开发
回顾与2018年展望

潘继平　王陆新　娄　钰*

摘　要： 复杂的多旋回构造沉积演化地质特征决定了中国的石油资源总量丰富，但禀赋较差，而且分布极不均衡。2007年以来，伴随着国际油价高企和国内经济的快速增长，石油上游行业经历了近10年的持续增长：投入不断增加，相继发现14个亿吨级以上的大型油田，探明储量持续高位增长，产量增长至2.15亿吨的历史最高位。同时，资源品位劣质化加剧，勘探对象更加复杂，地质理论和关键技术制约日益突出，市场竞争不足及政策不完善等，严重制约资源潜力释放。近年来，在持续低油价和经济新常态的新形势下，石油勘探开发投资下降，产量减少，面临日益严峻的挑战。随着国际石油市场再平衡和国内经济稳中向好，中国的石油上游行业有望在较长时间内稳定发展。预计2020年前，中国探明石油地质储量稳定高位增长，年均新增探明石油地质储量10亿~12亿吨；在国际油价保

---

* 潘继平，国土资源部油气资源战略研究中心，战略规划室主任，研究员，长期从事油气资源战略规划研究；王陆新，国土资源部油气资源战略研究中心，长期从事国内外油气战略研究；娄钰，国土资源部油气资源战略研究中心，博士。

持在 50 美元/桶以上的情况下，中国的石油产量为 1.9
亿~2.0 亿吨。

关键词： 石油资源　勘探开发　石油产量

2007 年以来，中国的石油上游行业经历了跌宕起伏。伴随着
国际油价高企和国内经济的快速增长，石油上游行业经历了长达近
10 年的持续稳定增长；近年来，在持续低油价和经济进入新常态
的新形势下，石油上游行业明显下行，投资下降，产量减少。随着
国际石油市场再平衡和国内经济稳中向好，石油上游行业有望在较
长时间内保持稳定发展。

一　石油资源分布广泛，可采储量接续有待加强

（一）主力盆地油气地质条件良好，资源潜力较大

中国处于欧亚、印度、太平洋三大板块之间，具有独特的区域
地质背景，且经历了漫长而复杂的地质演化，从前寒武纪到第四纪
发育了众多各类沉积盆地，以中小型盆地为主，分布广。截至目
前，勘查实践表明，全国 100 多个沉积盆地具备基本油气地质条
件，其中 40 多个获得工业规模油气发现。总体上，沉积盆地油气
地质条件较好，油气形成的物质基础丰富，但普遍经历了多期次构
造演化，多旋回特征明显，具有多油气源、多储集类型、多封闭类

型、多次成藏、多次调整和多勘探领域的复杂性。

总体上，中国含油气盆地主要分布在东部、中西部地区和海域。其中，东部地区含油气盆地主要为中新生界陆相坳陷、断陷盆地。中、西部地区主要为中古生界克拉通、前陆盆地，普遍具有多期次构造演化、海陆相叠合特征，海域多为中新生界大陆边缘裂陷盆地，深远海主要包括南海中南部沉积盆地。南方海相碳酸盐岩是一个不能忽视的勘探领域。青藏与南海中南部是目前中国油气勘探仅存的两大空白区。

其中，松辽、渤海湾、四川、鄂尔多斯、塔里木、准噶尔、柴达木、珠江口等八大主力盆地的油气地质条件良好，资源丰富，潜力大，是目前和今后油气勘探开发的主战场。

（二）勘探开发利用程度较低，亟须加强可采储量接续

中国油气资源动态评价结果显示，全国石油地质资源量为1257亿吨，可采资源量为301亿吨。其中，陆上石油地质资源量为1018亿吨，可采资源量为229亿吨；近海石油地质资源量为239亿吨，可采资源量为72亿吨。

截至2016年底，全国累计探明石油地质储量381亿吨，探明可采储量101亿吨，累计石油产量65亿吨。从资源探明程度来看，截至2016年底，全国石油地质资源量的探明率约为30.3%，总体处于勘探中期阶段；从资源开发利用程度看，全国石油可采资源量的利用率约为21.6%，总体处于开发早中期阶段（见图1）。综合来看，我国石油资源丰富，总量规模大，勘探开发利用程度总体较低，未来潜力仍然较大，而且亟须加强勘探，增加接续可采储量。

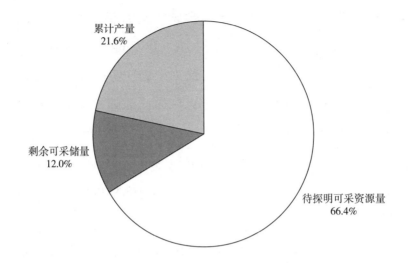

图1　中国石油资源结构（截至 2016 年底）

如果考虑深水海域和尚处于探索阶段的致密油等非常规资源，我国石油资源潜力更大，发展空间更广阔。

（三）石油资源分布广泛，各方面差异显著

总体上，中国石油资源分布极不均衡。尽管中国石油资源分布广泛，但资源规模、资源丰度、品质等方面，无论从区域还是从盆地及层系分布来看，都差异显著。

从区域分布看，目前石油资源主要分布在东部、西部和近海海域（见图2）。其中，东部地区石油资源最丰富，地质资源量和可采资源量分别占全国的 35.7% 和 40.2%，青藏和南方地区资源量最少，资源量合计占比为 5.7%。待探明地质资源量最丰富的地区是东部和西部地区，分别占全国的 27.3% 和 28.3%。

从盆地分布看，石油资源分布相对集中，地质资源量大于10

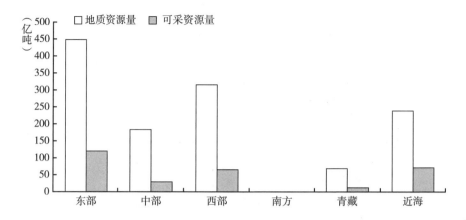

图2　中国石油地质资源量与可采资源量大区分布

数据来源：国土资源部油气资源战略研究中心等编著《全国油气资源动态评价（2015）》，中国大地出版社，2017。

亿吨的盆地有15个，包括渤海湾盆地、鄂尔多斯盆地、松辽盆地、塔里木盆地、渤海海域、准噶尔盆地、珠江口盆地、羌塘盆地、柴达木盆地等（见图3），这15个盆地石油地质资源量和可采资源量分别占全国的91%和91.4%。其中，地质资源量大于100亿吨的有渤海湾盆地、鄂尔多斯盆地、松辽盆地、塔里木盆地和准噶尔盆地，合计石油地质资源量占全国的69.5%。待探明石油地质资源量中，84%分布在松辽、渤海湾、鄂尔多斯、塔里木、准噶尔、珠江口、柴达木、北部湾盆地8个主力盆地。

二　石油勘探成效显著，探明储量保持增长

（一）勘探投资有所减少，但在上游总投资中占比稳步上升

统计显示，2007～2013年，布伦特原油价格由2007年的

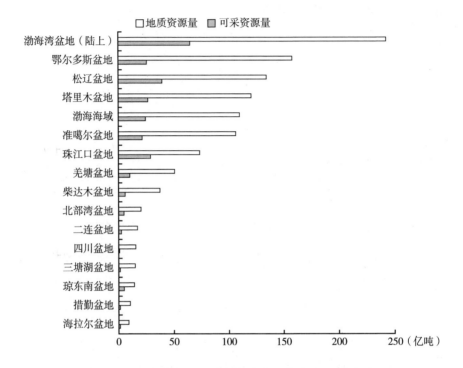

图3 全国主要盆地石油地质资源量与可采资源量

数据来源：国土资源部油气资源战略研究中心等编著《全国油气资源动态评价（2015）》，中国大地出版社，2017。

72.39 美元/桶上升至 2013 年的 108.66 美元/桶的高位。在高油价下，我国油气上游勘探投资由 2007 年的 541.9 亿元增长到 2013 年的 786.1 亿元，年均增长 6.4%。2014 年以来，国际油价开始大幅下跌，至 2016 年 2 月，布伦特一度跌至 35.1 美元/桶，跌幅达65%。油价暴跌导致全国油气勘探投资大幅减少，2015 年全国油气勘探投资 600.1 亿元，同比下降 19.2%。

2016 年，全国油气勘探投资继续大幅缩减至 527.5 亿元，同比减少 12.1%；完成探井 2715 口，较 2015 年减少了 308 口，同比下降10.2%。在持续低油价下，尽管投资不断下降，但勘探投资在上游总投资中的占比却呈稳步上升态势，2016年达到28.3%（见图4）。

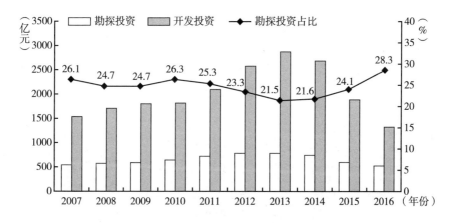

图4　2007～2016年全国油气勘探开发投资对比

数据来源：《全国石油天然气资源勘查开采通报》和《"十三五"油气勘探开发规划评估报告（2016年）》。

（二）石油勘探成效显著，鄂尔多斯盆地获得重大发现

截至2016年底，全国累计发现规模以上油气田993个。其中，油田722个，气田271个，油田占全国油气田总数的72.7%。

统计显示，2007～2016年，先后获得22个亿吨级以上重大油气发现，新探明亿吨级以上的大型油田或油气区14个，合计新增探明石油地质储量39.7亿吨（见表1）。其中，2007～2010年，主要石油勘探发现集中在渤海湾、鄂尔多斯、塔里木、松辽等盆地，相继探明了塔河、华庆、南堡、姬塬（2次新增）、兴隆台和古龙6个亿吨级油田。

表1 2007～2016年全国石油重大发现及新增探明地质储量

盆地	新发现大型油气田	年份	新增探明地质储量(＞1亿吨,累计)
松辽	古龙	2007	1.05
渤海湾	南堡	2007	4.45
	兴隆台	2010	1.27
	蓬莱9－1	2012	2.2
鄂尔多斯	华庆	2009～2010	5.22
	姬塬	2007～2016	11.34
	安塞	2011	1.04
	靖安	2012	1.2
	红河	2012	1.16
	新安边	2014	1.00
	南梁	2016	1.2
	环江	2015～2016	2.17
塔里木	哈拉哈塘	2011	1.08
	塔河	2008～2009	5.31
总计	—	—	39.69

数据来源:《全国石油天然气勘查开采通报》。

2016年,全国石油勘探成效显著,发现了2个亿吨级以上油田,分别为鄂尔多斯盆地的南梁油田和环江油田,同时在渤海海域新增探明石油地质储量,合计新增探明地质储量5.54亿吨,占同年全国新增探明石油地质储量的60.6%。2017年,鄂尔多斯盆地石油勘探再次获得重大发现,保持了规模储量的高峰增长。

(三)探明石油储量高位增长,主要分布于东部地区

统计显示,截至2016年底,全国累计探明石油地质储量381

亿吨，技术可采储量101亿吨，经济可采储量92亿吨。从区域分布看，全国探明石油地质储量主要分布在东部地区，其累计探明石油地质储量约占全国的54.3%；中部地区累计探明石油地质储量约占15.7%；西部地区累计探明石油地质储量约占17.3%；近海海域累计探明石油地质储量约占12.7%。探明储量的分布特征既反映了我国不同区域的油气勘探程度，也反映了油气资源的分布规律：东部地区以石油资源为主，探明率高达46.2%，中部地区石油资源主要分布在鄂尔多斯盆地，探明率为32.8%，西部地区石油资源探明率为20.9%，近海石油资源探明率为20.2%。

从盆地分布看，全国探明石油地质储量主要分布在渤海湾、松辽、鄂尔多斯、准噶尔、塔里木、珠江口、柴达木等主力含油气盆地。

从时间看，21世纪以来，探明石油地质储量持续高位增长。2001~2016年，全国探明石油地质储量168亿吨，年均增长10.5亿吨。其中，"十五"期间新增储量49.8亿吨，年均增长9.96亿吨，"十一五"期间新增储量57.51亿吨，年均增长11.5亿吨，"十二五"期间新增储量61.3亿吨，年均增长12.26亿吨。上述表明，21世纪以来我国探明石油地质储量保持高位增长。

受国际油价下跌和勘探投入下降的影响，2016年全国新增探明石油地质储量9.14亿吨，较上年下降18.3%，为近10年来首次低于10亿吨（见图5）。预计2017年新增探明地质储量为10亿吨左右，总体依然处于高位增长。

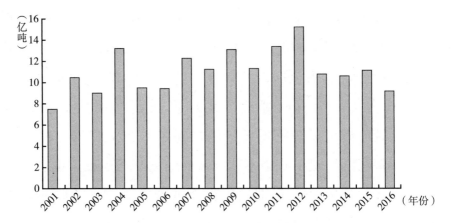

图5　2001～2016年全国新增石油探明地质储量

数据来源:《全国油气矿产储量通报》(2016)。

三　低油价影响开发投入，石油产量同比减少

（一）低油价影响开发投资，工作量显著下降

统计显示，2007～2013年中国油气开发投资由1531亿元增长到2876亿元最高峰，增长了0.9倍，年均增长11.1%，高于勘探投入增幅。其中，2007～2010年钻井工作量显著增长，石油开发钻井进尺年均增长25.9%；2010～2013年，尽管开发投资显著增加，但进尺增幅明显收窄，2013年略有下降，主要原因是工程量快速增长带动工程成本大幅提高，投资效益下降。

2014年以来，随着国际油价暴跌，主要石油企业面临巨大的经营压力，主动关闭低效益井，大幅削减开发投入，与2013年投入高峰相比，2016年全国油气开发投资为1333亿元，下降了

53.6%，是2007年以来投资最低值。投资下降导致工作量显著下降，2016年全国完钻开发井较上年下降23.5%，开发钻井总进尺同比减少25.02%（见图6）。

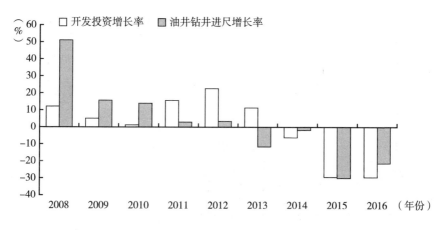

图6 全国油气开发投资及油井钻井进尺变化

数据来源：《全国油气矿产储量通报》（2016）。

（二）石油产量同比减少，增量主要来自中东部地区

截至2016年底，全国已开发探明石油地质储量288亿吨，占全国累计探明石油地质储量的75.5%；2016年，全国剩余石油技术可采储量35亿吨，剩余石油经济可采储量25.36亿吨，储采比为12.7。

21世纪以来，全国石油产量总体保持稳步上升趋势。2010年石油产量突破2.0亿吨，2015年达到2.15亿吨的历史峰值，较2007年的1.87亿吨增长了15.0%，年均增长约350万吨，年均增速为1.8%，略低于21世纪以来平均值（见图7）。

2016年，由于国际油价持续低位，上游业务普遍亏损，主要

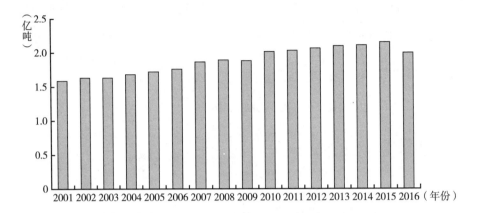

图 7　全国石油产量变化趋势

数据来源：《全国油气矿产储量通报》（2016）。

石油公司勘探生产由重规模转向求效益，主动减产，削减开支，全国石油产量跌至 2.0 亿吨左右，同比减产约 1500 万吨，首次大幅减少，同比降幅 7.0%。2017 年 1～10 月，全国石油产量约 1.60 亿吨，同比下降约 3.4%，继续呈下降趋势，预计全年产量约 1.95 亿吨，与上年相比下降约 500 万吨。

　　全国石油产量主要集中于渤海湾、松辽、鄂尔多斯、珠江口、准噶尔和塔里木六大主力含油气盆地。统计显示，2016 年上述六大盆地石油产量合计占全国石油产量的 92%，其他盆地石油产量约占全国总产量的 8%（见图 8）。

　　2007～2016 年我国主要盆地石油产量分布情况见图 9。近年来，我国石油产量增长主要来自中东部的渤海湾海域和鄂尔多斯盆地，2017 年产量分别同比增长 102.2% 和 40.7%。同期产量下降的盆地主要是渤海湾（陆上）和松辽盆地，2017 年分别同比下降 19.7% 和 15.8%。

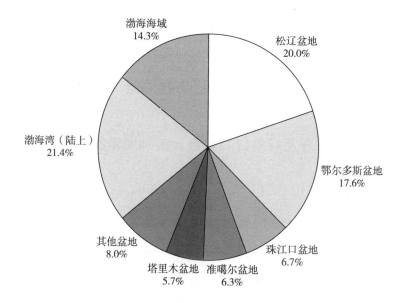

图8　2016年我国石油产量的盆地分布

数据来源：《全国石油天然气勘查开采通报》（2016）。

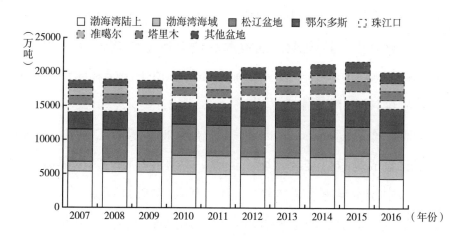

图9　2007～2016年我国主要盆地石油产量分布

数据来源：《全国石油天然气勘查开采通报》（2007～2016年）。

四 多种因素制约勘探开发潜力，应加快体制机制与技术创新

（一）勘探开发对象日趋复杂，多种因素制约潜力释放

1. 石油资源品位持续下降

已探明的浅层石油储量占到全部储量的61.9%，主要分布在东部松辽、渤海湾等盆地，多数已经动用，剩余未动用储量较少。"十一五"以来，每年全国新增探明石油地质储量品位总体呈下降态势。统计显示，2007～2015年，年均新增探明可采储量与地质储量之比由20.2%下降至17.7%，下降了2.5个百分点。2016年低渗透、特低渗透等低品位储量比例高达70%左右。统计显示，2001～2016年，低品位储量占比提高了近10个百分点，采收率下降了3个百分点。待发现石油资源品位总体也较差，超过40%属于低渗透资源，16%位于深水海域，25.7%位于深层和超深层。

2. 勘探开发对象日趋复杂

随着工作程度提高，油气勘探对象越来越复杂，深层、深水、非常规日益成为重要接续领域。目前，主力大盆地的古生界海相碳酸盐岩、中新生界碎屑岩构造—岩性圈闭、前陆冲断带、致密油气等成为油气增储上产的主要领域。由于勘探深度加大、剩余资源品质降低，有利目标优选、油气层识别等难度增大，地震、钻井、测试等施工难度加大，探井成功率总体呈下降态势，成本不断攀升，给油气勘探开发带来了更大挑战。

3. 油气地质理论和关键技术制约日益突出

面对日益复杂的勘探对象、不断拓展的勘探领域，油气地质理论的局限性越来越束缚油气勘探。其中，高温高压、古老地层碳酸盐岩的油气成藏理论、致密油形成与富集规律认识的局限性影响了深层、深水及致密油等新领域油气的勘探开发。

4. 市场竞争不足及政策不完善制约资源潜力释放

近年来油气上游领域市场化改革取得突破，但资源管理改革进程总体滞后，开放程度依然十分有限，缺乏油气矿业权流转的有效机制，资源潜力释放受到抑制，充分竞争、多元生产供应的勘探开发市场格局远未形成。同时，资源开发政策亟待完善，深层、深水及致密油的规模效益开发迫切需要有力的前期政策支持。日益加强的生态环境保护对油气资源勘探开发提出了更高要求。

（二）应综合采取多种措施，加快推进体制机制与技术创新

加强油气资源地质调查评价。加强对风险大和地质条件复杂的新区、新领域、新层系油气的地质调查评价。全面退出自然保护区，加强生态红线外的油气资源调查。着重加强深层、深水油气资源潜力调查，促进油气新发现，构建陆海统筹、东西并重、常非并举的油气资源勘查新格局，进一步摸清资源家底，不断夯实油气资源基础。

加快推进油气资源管理体制改革。加快以油气矿业权市场化改革为核心的上游体制改革，放宽准入，不断引入竞争，完善实行勘查区块竞争出让制度、流转制度和更加严格的区块退出机制，逐步形成以大型国有油气公司为主导、多种经济成分共同参与的勘查开

采体系。同时，因地制宜，建立以油、气、煤和可再生能源等多种能源互补、协调发展的现代能源体系。

加强关键技术与重大装备创新。科技创新对于降低开发成本、推进油气可持续发展至关重要。加强对重大油气地质理论问题的研究，加大力度推进关键技术创新，重点做好陆上深层、海洋深水油气勘探开发的有关油气地质理论和关键技术的攻关，重点攻关低成本和环境友好型油气勘探开发关键技术与装备，推进难动用储量规模效益开发和新发现油田产能建设。

完善油气资源勘探开发支持政策。加大油气勘查开采政策支持力度，实行差别化税费政策，对低品位、非常规、难动用的资源开发给予适度的财税支持和金融扶持。加强财政资金引导作用，继续加大对深层、深水油气资源等的财政补贴力度。进一步完善油气资源税费收益在中央与地方之间的分配方式和比例，促进形成资源开发惠及地方的机制。

五　探明储量有望稳定增长，稳产前景面临挑战

（一）探明储量有望继续保持稳定增长

未来我国油气勘探将继续深化东（中）部、发展西部、加快海域，重点加强主要含油气盆地油气勘探。东（中）部地区主要立足松辽盆地和渤海湾盆地，深化精细勘探、增储挖潜。西部地区以鄂尔多斯、四川、塔里木、准噶尔、柴达木等盆地为重点，加快探明优质资源储量。近海以渤海、珠江口盆地、北部湾盆地和深水

区等为重点，加快海洋油气勘探，以寻找大中型油田为目标。

预计 2020 年前，国内探明石油地质储量将稳定增长，年均新增探明地质储量 10 亿~12 亿吨，到 2020 年底全国累计探明石油地质储量有望超过 420 亿吨。预计 2030 年之前，全国年均新增探明石油地质储量仍将保持较高的水平，年均新增储量 10 亿吨。

（二）稳产前景面临挑战

通过巩固老油田、开发新油田、加快海上油田开发、加大低品位资源开发力度，实现未来国内石油产量稳中趋增。通过积极发展先进采油技术、稳产技术和稠油开发技术，提高原油采收率，努力减缓老油田产量递减速度。同时，巩固发展鄂尔多斯、塔里木和准噶尔盆地等西部石油生产基地，加大南海深水石油勘探力度，尽快建成石油产业基地，形成新增产能，加快上产，弥补老油田的产量递减。

通过加强渤海湾、松辽、新疆、鄂尔多斯、南海五大油区、大盆地及中小盆地的油气田开发，不断提高采收率，特别是加强致密油开发，实现低品位石油资源规模效益开发，在国际油价保持在 50 美元/桶以上的情况下，预计 2020 年前，石油产量稳定在 1.9 亿~2.0 亿吨。预计 2030 年，随着勘探开发程度的提高、难度的加大和成本上升的制约，石油产量将稳中趋降至 1.8 亿~2.0 亿吨。其间，如果理论与技术创新获得重大突破，使开发成本大幅降低，加上油气体制改革不断激活资源潜力，石油产量有望稳中有升，至 2.3 亿~2.5 亿吨。

B.11

美国页岩油勘探开发进展
与2018年展望

杨国丰 梁 慧*

摘 要： 本报告分析了美国近年来页岩油勘探开发现状，对页岩油
作业钻机数和钻井作业量的变化趋势进行重点研究，发现
2016年9月至今页岩油勘探开发工作量止跌回升且产量恢
复增长。二叠盆地成为美国页岩油产量增长的新引擎。随
着油价的逐渐攀升，页岩油专营公司的业绩正在逐渐改
善，目前油价略高于盈亏平衡点油价。对典型公司经营进
行综合分析后得出美国页岩油完全生产成本在55美元/桶
左右。预计2018年美国页岩油勘探开发工作量投入以及
产量将继续保持双增长，二叠盆地、伊格尔福特以及巴肯
依然是页岩油产量增长的重点地区。

关键词： 美国 页岩油 勘探开发 二叠盆地

---

* 杨国丰，中国石化石油勘探开发研究院，硕士，高级工程师，研究方向为石油地质与经济政
策；梁慧，中国石化石油勘探开发研究院，硕士，高级工程师，研究方向为石油经济与政策。

一 美国页岩油勘探开发稳定增长

2014年至今，美国的页岩油气勘探开发受油价波动影响，经历了从急速下滑到逐渐回暖直至在油价新常态大背景下达到稳定增长状态。目前美国的页岩油气勘探开发工作量投入已基本恢复到2015年中期的水平，页岩油仍是美国石油产量增长的"引擎"。

（一）作业钻机数与钻井作业量止跌回升

一直以来美国的页岩油生产依靠大量新增钻井来维持，作业钻机数量和钻井作业是衡量美国页岩油行业活跃程度的重要指标之一。为了应对本轮低油价的冲击，美国的页岩油公司也采取了与其他油公司相同的削减预算和作业量等措施，主要页岩油区带的作业钻机数量和钻井作业量一度大幅减少（见图1）。2016年5月，作业钻机数量曾降至243台的历史最低水平，每月新钻页岩油井数也只有约330口。之后随着油价持续回暖，钻机和新钻井数量开始回升，2017年末美国主要页岩油区带的月度作业钻机数已恢复至610台左右，与2015年3月的水平大致相当，但仅为2014年最高纪录的一半左右。2017年末月新钻井数量超过1000口，接近2015年初水平（见图1）。作业钻机数和新钻页岩油井数的变化除受油价走高因素影响之外，钻探作业效率提高也有贡献。美国主要页岩油区带的单月作业钻机数和新增钻机数在2014年9月时均达到历史最高水平，分别约为1200台和1500口，二者之比约为1∶1.2，而目前的月度钻机数与新增钻井数之比接近1∶1.6。

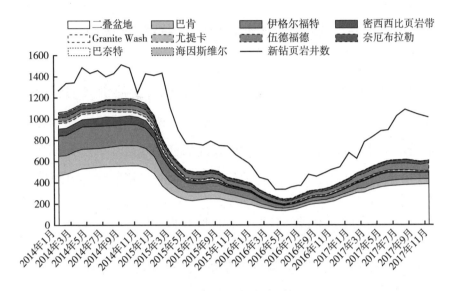

**图1 美国主要页岩区带从事石油钻探活动的钻机数（单位：台）
与新增页岩油井数（单位：口）**

（二）页岩油产量2016年9月开始恢复增长

尽管总体上看美国主要区带页岩油钻探作业量目前只恢复到了2015年初的水平，但页岩油产量增幅已经高于2015年初。美国的页岩油产量在2015年3月达到596.7万桶/日的峰值，随后进入连续18个月的产量下降期，在2016年9月达到515.4万桶/日的阶段性低点，之后随着油价回暖持续回升至今。2017年9月，美国页岩油产量达到595.9万桶/日，基本恢复至其峰值产量，之后持续增长，到11月达到621.7万桶/日，创下有史以来页岩油月度产量峰值（见图2）。美国能源信息署显示，美国2017年12月的页岩油产量为631.4万桶/日。2017年全年美国的页岩油平均产量约

为 575.4 万桶/日，较 2016 年增加约 43 万桶/日[①]。目前美国页岩
油主要区带产量排名中，二叠盆地已稳居榜首，伊格尔福特和巴肯
位居其后。二叠盆地 2017 年 11 月的产量为 266 万桶/日，前 11 个
月的平均产量为 239.5 万桶/日，是美国第一大页岩油产区，占全
美页岩油总产量的 42%；其次是伊格尔福特页岩区，产量为 123.7
万桶/日，约占美国页岩油产量的 20%；巴肯已退居第三位，目前
产量在 110 万桶/日的水平，占比为 19% 左右。

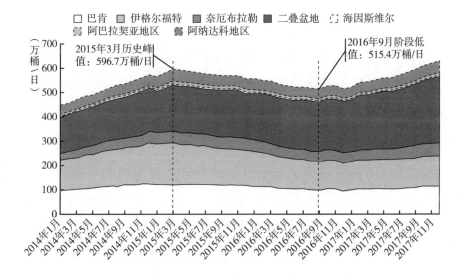

图2　2014 年以来美国主要页岩油区的产量变化

注：①图中的阿巴拉契亚地区包括马塞勒斯和尤提卡两个页岩区，由于这
两个区带均位于阿巴拉契亚盆地，且很多公司采用一口井同时开采这两套层
系的做法进行开发，美国能源信息署自 2017 年 8 月开始将这两个页岩区合为一个，
统称为阿巴拉契亚地区；②图中的阿纳达科地区主要是阿纳达科盆地内的伍德
福德页岩区。

数据来源：美国能源信息署。

---

① EIA："Petroleum & Other Liquids"，https：//www.eia.gov/.

（三）二叠盆地引领页岩油发展

二叠盆地是本轮低油价以来整个美国页岩油行业的一大亮点，也是唯一的产量持续增长的页岩油产区。从地质方面看，二叠盆地发育多套页岩层系，目前已证实有生产潜力的共有6套，包括沃夫坎（Wolfcamp）、伯恩斯普林（Bone Spring）、斯普拉贝里（Spraberry）、特拉华（Delaware）、Yeso和Glorieta，绝大多数的页岩油产自沃夫坎、伯恩斯普林和斯普拉贝里三套页岩层系。该盆地页岩油生产在低油价下能够异军突起有多方面的原因。除页岩层系多、沉积厚度大之外，二叠盆地一直是美国的石油主产区之一，地质资料丰富、认识清晰，盆地内的生产、集输、储存等基础设施完善，同时还有管道分别通往库欣和墨西哥湾的多个炼厂。此外，少数石油公司善于把握时机也是二叠盆地保持低成本且在低油价下仍能快速发展的重要原因。目前在二叠盆地产量最高的几家公司，包括EOG、先锋资源、阿纳达科等都是在2013年之前就已经进入二叠盆地，而当时其他公司还都将重点集中在伊格尔福特和巴肯页岩气。由于进入者少，二叠盆地的页岩油资产获取成本非常低，每英亩不到2000美元。埃克森美孚等大公司以及诸多私募在2015年之后大举进入二叠盆地，推高了该区页岩油资产获取成本。2016年底时二叠盆地页岩油资产每英亩的获取费用已上涨至6万美元，4年内增加了数十倍，导致后来者有较大的成本压力。

二 美国页岩油专营公司的经营情况逐渐改善

美国从事页岩油勘探开发的公司非常多，虽然自油价暴跌以来有大量的页岩油公司破产，但绝大多数的页岩油公司仍在正常运行，目前仅在巴肯地区从事页岩油生产的就有 70 家。其中，EOG资源公司（EOG Resources）、先锋自然资源公司（Pioneer Natural Resources）、德文公司（Devon）、大陆资源公司（Continental Resources）和怀廷石油公司（Whiting Petroleum）5 家公司 2016 年的页岩油总产量超过 100 万桶/日。

2013～2016 年，以上 5 家公司无论是在高油价时期还是在低油价时期的债务水平都比较高，且这些公司的自由现金流在大部分时间内都是负值，表明其资金情况并不乐观。根据伍德麦肯兹的统计，从 2010 年到 2016 年，这 5 家主要从事页岩油生产的公司一直处于净亏损状态。那些未将页岩油作为主营业务的公司盈利能力则相对较好（见图 3）[1]。随着油价的逐渐升温，5 家公司的桶油收益指标到 2017 年初已有较大程度改善，到 2017 年一季度桶油收益已经接近盈亏平衡点油价，一定程度上说明美国页岩油产业发展环境整体向好。

三 美国页岩油的完全生产成本在 55美元/桶左右

（一）页岩油勘探开发成本构成

根据美国能源信息署和 IHS 的研究，目前美国的页岩油勘探开发

---

[1] Woodmac："Global upstream：5 things to look for in 2018"，https：//www.woodmac.com/.

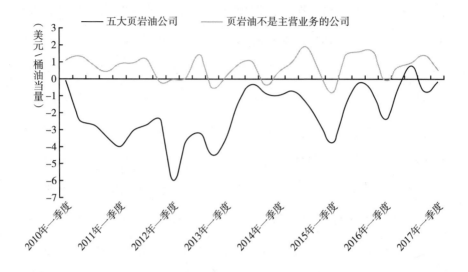

**图3 美国五大页岩油公司与其他页岩油不是主营
业务的公司的桶油收益对比**

成本主要包括矿权购置、钻井、完井、油田基础设施以及运营成本
（主要包括开采成本、集输、污水处理与一般行政成本）五个部分。

（1）矿权购置成本与公司进入区带的早晚和方式有关。对于
一个新的页岩区带而言，早期以战略布局方式进入的作业者，其矿
权购置成本最低，为200～400美元/英亩；在有页岩油气发现后才
进入的作业者，其矿权购置成本通常是早期进入者的10～20倍，
且单井成本会增加100万～200万美元。

（2）美国陆上盆地的钻井成本约占单井完全成本的30%～
40%。对于页岩油气开发所需的水平井而言，单井成本与地质情
况、深度、方案设计等有关，不同区带间有较大差异。目前美国陆
上页岩油气水平井的单井钻井费用为180万～260万美元，占单井
总成本的27%～38%，平均为31%。

（3）美国页岩油气水平井的单井完井费用为290万～560万美元，占页岩油气水平井总成本的60%～71%，平均为63%。美国陆上盆地内的油田相关基础设施成本占单井总成本的7%～8%，在页岩油气井中的占比为2%～8%，平均为6%。

（4）运营成本中包括固定成本和可变成本两大类，前者是将油气采至井口的费用，主要包括人工举升、油气井维护、修井，也被称为开采成本（LOE）；后者是将油气从井口运至采购点回交易中心过程中所发生的费用，主要包括采集、处理、运输等费用。

（二）巴肯页岩油区带典型公司成本分析

本小节选择大陆资源公司（Continental Resources, Inc.）、怀汀油气公司（Whiting Oil and Gas Corp）和Crescent Point能源公司（Crescent Point Energy U. S. Corp.）、赫斯公司（Hess）、马拉松石油公司（Marathon Oil Company）和Enerplus能源公司（Enerplus Resources USA Corp.）进行评价分析。截至2017年9月底，这6家公司在北达科他州巴肯页岩区带内的页岩油产量合计约为40.1万桶/日，占该州巴肯页岩油总产量的39.1%。

1. 运营成本

按照前文的页岩油运营成本构成，通过分析样品公司年报及其在相应时间段内公布的投资、产量、作业量等相关信息可以大致计算出这些公司在北达科他州巴肯页岩区内从事页岩油生产的运营成本（见表1）。从表1中可以看出，以上6家公司的页岩油运营成本自2014年以来保持逐年降低的趋势，目前大致处于35美元/桶的水平，其中大陆资源公司的运营成本最低，约为30美元/桶，同时该公司也是北达科他州巴肯页岩区最大的生产商，运营成本最高的是赫斯公司，约为 38 美元/桶，其在巴肯页岩区拥有的在产井数量与大陆资源公司相差无几，但产量比后者低约 20%。这可能与进入时机和资产位置有关。从样本公司目前公布的数据来看，巴肯页岩油的开采成本基本在 15 美元/桶以下，而且近三年来有明显下降趋势，表明这些公司在低油价下正通过多种措施和手段降低成本。另外，从这些公司的运营成本构成上来看，在巴肯页岩区从事页岩油生产的采集、处理和运输的成本较高，基本在 20 美元/桶左右，这其中大部分是运输成本。该区页岩油生产作业的水处理成本和一般行政成本均处于 2 美元/桶附近，处于较低水平。

表 1 样本公司巴肯页岩油运营成本

单位：美元/桶

样本公司	成本构成	2014 年	2015 年	2016 年	2017 年前三季度
大陆资源公司	开采成本	11.21	7.26	6.38	5.72
	采集、处理与运输	21.51	21.57	21.54	19.8
	水处理	3.9	2.74	2.3	2.5
	一般行政成本	2.92	2.34	2.14	2.12
	总计	39.54	33.91	32.36	30.14
怀汀石油公司	开采成本	11.24	9.02	8.25	6.81
	采集、处理与运输	20.73	21.79	21.68	20.11
	水处理	3.67	2.53	2.25	2.19
	一般行政成本	3.52	2.94	2.68	2.41
	总计	39.16	36.28	34.86	31.52
赫斯公司	开采成本	20.9	18.68	18.75	16.43
	采集、处理与运输	19.72	18.93	18.74	18.7
	水处理	3.45	2.97	2.27	2.05
	一般行政成本	2.25	1.98	1.65	1.41
	总计	46.32	42.56	41.41	38.59

样本公司	成本构成	2014 年	2015 年	2016 年	2017 年前三季度
马拉松石油公司	开采成本	13.34	10.65	9.84	7.79
	采集、处理与运输	19.75	19.73	18.95	18.82
	水处理	3.3	2.84	2.37	2.1
	一般行政成本	2.87	2.35	2.19	2.06
	总计	39.26	35.57	33.35	30.77
Enerplus 资源公司	开采成本	12.5	7.81	6.64	6.71
	采集、处理与运输	23.8	22.7	22.5	20.6
	水处理	3.4	3.1	2.8	2.2
	一般行政成本	3.5	3.11	2.72	2.5
	总计	43.2	36.72	34.66	32.01
Crescent Point 能源公司	开采成本	14.62	12.58	12.18	12.97
	采集、处理与运输	19.82	20.15	19.9	20.21
	水处理	4.2	3.6	3.11	2.68
	一般行政成本	2.1	1.89	1.73	1.95
	总计	40.74	38.22	36.92	37.81

数据来源：根据相应公司财报计算整理。

2. 巴肯页岩区样本公司的完全成本

公司的运营成本加上其区块购置和钻完井及基础设施成本即构成页岩油勘探开发完全成本的主体。区块购置成本水平与公司的介入时机有直接关系，越早进入的公司，其购置成本越低，晚期进入公司的购置成本较高，但这部分费用无法在公司年报中查到，本报告在估算完全成本时暂不计入区块购置成本。在钻完井成本方面，由于每口井的费用不尽相同，而且公司在年报中也不会将每口井的钻完井成本一一列出，所以仅报告年度钻井数量和平均钻完井费用。从各公司公布的数据来看，目前在巴肯页岩区钻一口水平井的

费用大致为 260 万美元，完井成本大致为 380 万美元，单井基础设施成本约为 60 万美元，考虑到可多口井共享一套设施，本报告采用 48 万美元的单井基建成本，巴肯页岩区目前的单井 EUR 平均为 50 万桶，可大致估算出该区的单井钻完井与基建成本约为 13.76 美元/桶，将其加到公司的运营成本上即可大致估算出 6 家样本公司在巴肯页岩区的完全成本（见表 2），这其中未计入区块购置成本。

表 2　样本公司巴肯页岩油完全成本

单位：美元/桶

样本公司	2014 年	2015 年	2016 年	2017 年前三季度
大陆资源公司	53.3	47.67	46.12	43.9
怀汀石油公司	52.92	50.04	48.62	45.28
赫斯公司	60.08	56.32	55.17	52.35
马拉松石油公司	53.02	49.33	47.11	44.53
Enerplus 资源公司	56.96	50.48	48.42	45.77
Crescent Point 能源公司	54.5	51.98	50.68	51.57

从表 2 可以看出，目前在北达科他州巴肯页岩区从事页岩油生产的勘探开发成本（不计区块购置成本）为 40～50 美元/桶，如果将公司的矿权购置成本、股东分红、融资利息等计入的话，成本应该在 55 美元/桶左右。

四　2018 年美国页岩油勘探开发
继续保持增长态势

预计 2018 年国际油价整体水平略高于美国页岩油勘探开发的

完全成本，美国的页岩油无论是在勘探开发作业量还是在产量方面都将保持增长，2018年美国原油产量有望达到990万桶/日的水平，超过1970年的960万桶/日，创下历史新高。二叠盆地、伊格尔福特和巴肯三大页岩区的石油产量约占美国石油总产量的53%，二叠盆地页岩油是美国石油产量增长的第一大来源，其次是墨西哥湾海上，伊格尔福特和巴肯区带的页岩油产量将分别保持在130万桶/日和110万桶/日的水平，基本与2017年相当（见图4）。在2018年底前，二叠盆地从事页岩油的作业钻机数量将由目前的387台增至395台，约占全美作业钻机总数的40%，二叠盆地的页岩油产量也将由260万桶/日增至290万桶/日，约占美国石油总产量的30%。

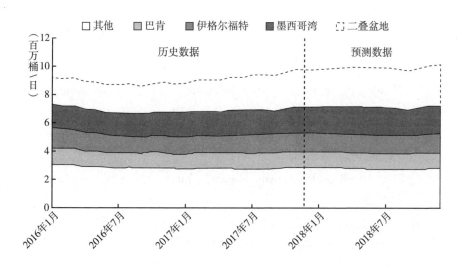

图4 美国主要地区的月度石油产量现状及预测

2018年随着美国减税政策的大规模实施，美国页岩油勘探开发投入以及产量增长的可能性进一步增强，特别是在上半年。产量

增长将带来油价下行压力。但是综合考虑美国页岩油完全生产成本以及美国油气出口规模日益增长等因素，油价下行空间较为有限。

参考文献

[1] Baker Hughes："Products and Services"，https：//www. bakerhughes. com/.

[2] EIA："Petroleum & Other Liquids"，https：//www. eia. gov/.

[3] Woodmac："Global Upstream：5 Things to Look for in 2018"，https：//www. woodmac. com/.

[4] Pioneer Natural Resources："Investor Presentation"，http：//www. pxd. com/.

[5] Devon Energy："Operation Report"，http：//www. devonenergy. com/.

[6] Continental Resources，"Investor Information"，http：//www. contres. com/.

[7] Whiting Petroleum："Investor Relations"，http：//www. whiting. com/.

[8] Baker Hughes："North America Rotary Rig Count Current Week Data"，http：//phx. corporate – ir. net/phoenix. zhtml? c = 79687&p = irol – reportsother.

[9] EIA："Drilling Productivity Report"，https：//www. eia. gov/petroleum/drilling/.

[10] Woodmac："When Will Tight Oil Make Money?"，2017.

[11] EIA/IHS："Trends in U. S. Oil and Natural Gas Upstream Costs"，2016.

产　业　篇

Industry Reports

B.12

世界炼油业发展现状与展望

李　涵*

摘　要： 近年来，全球炼油业正在经历深刻变革。国际原油价格下
跌使炼油业进入新一轮景气周期，炼油毛利得到持续改
善。全球炼能以1.2%的年均增速稳步增长，与此同时，
主要炼油中心呈现差异化发展态势。亚太和中东地区是炼
油能力增长最快的地区，全球90%以上的新增炼力来自这
两个地区，但大量新建和扩建项目集中投产，令地区产能
过剩问题日益突出。美国页岩油气革命给炼油业注入生
机，美国炼油能力增长缓解了北美炼能下降态势。前苏联

---

* 李涵，中国国际石油化工联合有限责任公司。

地区和非洲炼能停滞不前，欧洲和中南美洲甚至出现萎缩。为满足全球燃油规格升级、提高市场竞争力，炼厂装置复杂程度逐步提高，原油加工的适应性和灵活性不断增强，炼油工业继续向规模化、一体化和集约化发展。

关键词： 炼油能力　加工收益　苏伊士以东　规模化

一　全球炼油能力稳步增长，炼油加工收益表现良好

（一）全球炼油能力平稳增长

2007～2017年，全球炼油能力由9078万桶/日增至1.02亿桶/日，年均增长率为1.2%，平均每年净增105万桶/日（见图1）。

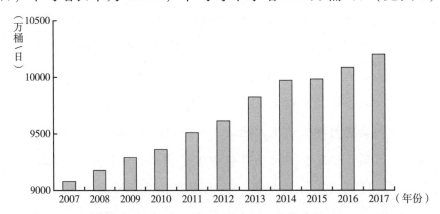

图1　全球炼油能力变化趋势

数据来源：Pira、Unipec Research & Strategy（URS）。

2017 年，全球炼油能力同比增长 95 万桶/日，低于过去十年的平均水平，新增炼能主要来自中国、印度、伊朗和俄罗斯等地（见表 1）。

表 1　2017 年全球主要新建、扩建及关停炼油项目

国家/地区	项目	新增炼能
中国大陆	中石油云南炼厂	新增 26 万桶/日
	中海油惠州二期	扩能 20 万桶/日
	珠海华峰石化二期	扩能 10 万桶/日
中国台湾	中油大林项目	扩能 10 万桶/日
印度	Kochi 炼厂	新增 12 万桶/日
越南	Nigh Son 炼厂	新增 20 万桶/日
伊朗	Bandar Abbas 炼厂	新增 22 万桶/日
阿曼	Sohar 炼厂	扩能 7 万桶/日
科威特	Shuaiba 炼厂	关停 19 万桶/日
日本	10 个项目	关停 39 万桶/日

数据来源：路透社、Pira、FGE、Unipec Research & Strategy（URS）。

（二）全球炼油业格局发生重要调整

尽管全球炼油能力持续温和增长，但区域发展不平衡的问题日渐突出，全球主要炼油中心呈现差异化发展态势。分地区来看，在工业化推进和经济快速增长的带动下，亚太和中东地区炼油业快速发展，成为全球炼油业扩张的最主要贡献力量；美国页岩油气革命给炼油业注入生机，美国炼油能力增长缓解了北美炼能下降的态势；前苏联和非洲炼能停滞不前；欧洲和中南美甚至出现萎缩。全球炼油业格局变化见图 2。

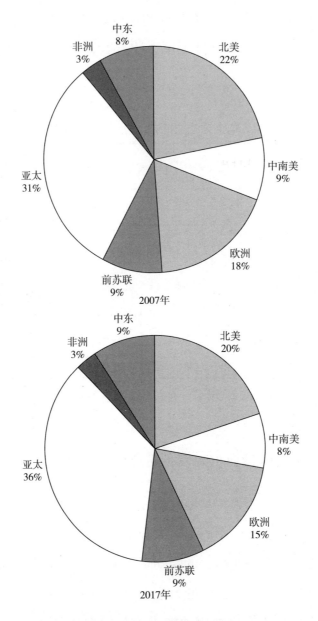

图 2　全球炼油业格局发生调整

数据来源：Pira、Unipec Research & Strategy（URS）。

1. 亚太是炼油能力增长最快的地区

长久以来，美欧一直是世界经济核心、石油需求核心以及炼油业的核心，但在 2000 年以后，这种格局悄然发生变化。我国以每年两位数以上的经济增速和石油需求增速快速赶超了多数发达国家和经济体，伴随着高速的经济增长和石油需求增长，我国炼油业呈现爆发式增长态势，同时也推动亚太成为炼油能力增长最快及炼油能力最高的地区。2017 年亚太地区炼油能力达到 3687 万桶/日，占全球的 36%，炼油能力同比增加 78 万桶/日，占全球新增炼能的 82%。其中，我国新增炼能 66 万桶/日，约占亚太地区新增炼能的 85%，新建和扩建项目主要包括中石油云南炼厂、中石油华北炼厂扩能项目、中海油惠州二期扩能项目和珠海华峰石化二期扩能项目。此外，值得注意的是，随着我国政府在 2015 年放开地方炼厂原油进口政策，地方炼厂开工率大幅提升，令我国有效炼能显著增长。2017 年地炼开工率年均水平接近 60%，比 2015 年增加近 18 个百分点。

2. 美国炼油业重新焕发生机

近年来，页岩油革命爆发令美国页岩油气产量快速增长，较低的原料成本和加工成本令美国石油产品出口具有较强的价格优势，引发美国炼油业开始新一轮扩能热潮，炼油业重新焕发生机。2014 年，Dakota Prairie 炼油公司位于北达科他州的新建炼厂投产，能力为 2 万桶/日，专门加工巴肯地区页岩油，成为美国近几十年来第一座新建炼厂，此后陆续有新的改扩建项目投产。2017 年，美国炼油能力同比增长 18 万桶/日，为连续第 4 年增长。

3. 欧洲炼油能力总体过剩

欧洲炼油工业受产能过剩、油品结构性矛盾、油价及加工成本居高不下等因素影响，以及来自美国、中东和俄罗斯跨区油品的激烈竞争，2009 年以来，以法国和意大利为首的欧洲国家关闭了 22 座炼厂，炼油能力由 2007 年的 1676 万桶/日降至 2017 年的 1473 万桶/日，年均下降 20 万桶/日，年均降幅为 1.3%，占全球的比重由 18.1% 下降到 14.4%。近三年来，低油价刺激欧洲需求恢复性增长，欧洲炼油毛利大幅改善，炼厂关停步伐有所放缓。

（三）全球炼油装置的复杂程度不断提高

近年来，随着全球炼油能力逐步提高，为了满足日益严格的清洁燃料标准并提高竞争力，炼厂装置复杂程度越来越高，催化裂化、加氢裂化、重整、焦化以及加氢处理等二次加工能力不断提高，原油加工的适应性和灵活性不断增强（见表2）。

表 2　全球二次装置占一次装置能力的比例

单位：%

年份	催化裂化	加氢裂化	重整	焦化	加氢处理	合计比例
2007	14.0	5.1	10.5	4.6	44.1	78.4
2008	14.1	5.2	10.6	4.7	45.0	79.6
2009	14.1	5.5	10.7	4.9	46.4	81.5
2010	14.2	5.8	10.8	5.2	47.4	83.3
2011	14.3	5.9	10.8	5.5	48.4	84.9
2012	14.3	6.2	10.8	5.7	49.5	86.5
2013	14.3	6.5	10.9	5.8	51.0	88.4
2014	14.3	6.8	11.0	6.0	51.6	89.7
2015	14.5	7.1	11.1	6.0	52.5	91.3
2016	14.4	7.4	11.3	6.2	53.0	92.3
2017	14.3	7.6	11.5	6.3	53.8	93.5

数据来源：Pira、Unipec Research & Strategy（URS）。

（四）近年来全球主要炼油中心加工收益表现良好

近三年来，国际原油价格下跌使炼油业低迷的状况有所好转，炼厂运行情况及炼油毛利得到持续改善。2015 年至今，炼油行业进入新一轮景气周期，三大炼油中心以美湾地区表现最为抢眼。页岩油革命带来的低廉原料成本令美湾加工 WTI 原油的收益由金融危机后最低时的 4 美元/桶左右飙升至 2015 年的 18.63 美元/桶，刷新历史最高水平，炼油毛利率高达 30% 以上。2017 年，尽管三大中心加工收益较 2015 年有所回落，但相比 2016 年仍有不同程度上涨，美湾加工 WTI 原油收益保持在 12 美元/桶以上，炼油毛利率接近 25%；鹿特丹和新加坡加工收益也稳定在 7 美元/桶左右这一较为健康的水平，炼油毛利率为 13% 左右（见表3、表4）。

表3　三大炼油中心炼厂加工收益

单位：美元/桶

年份	美湾（Brent）	美湾（WTI）	鹿特丹（Brent）	新加坡（Dubai）
2007	7.89	9.86	4.88	7.63
2008	6.94	6.28	8.29	6.13
2009	2.87	4.25	3.47	3.63
2010	2.16	4.15	2.80	4.59
2011	−0.67	18.18	3.29	8.27
2012	2.14	22.13	6.85	7.47
2013	0.16	13.17	3.98	6.15
2014	2.31	10.30	4.55	5.76
2015	14.26	18.63	7.16	7.71
2016	6.06	8.24	4.93	6.12
2017	7.44	12.57	6.59	7.09

表4　三大炼油中心炼油毛利率

单位：%

年份	美湾（WTI）	鹿特丹（Brent）	新加坡（Dubai）
2007	13.6	5.4	11.2
2008	6.3	20.6	6.5
2009	6.8	4.7	5.9
2010	5.2	3.1	5.9
2011	19.1	3.1	7.8
2012	23.5	6.3	6.8
2013	13.4	3.6	5.8
2014	11.4	4.6	6.2
2015	30.1	13.2	15.6
2016	19.2	11.1	16.0
2017	24.9	12.7	13.6

数据来源：路透社、Unipec Research & Strategy（URS）。

（五）全球出口导向型炼厂竞争日趋激烈

近年来，全球各地区成品油标准的差异不断缩小，使得国际成品油贸易更加活跃，竞争也更激烈。美国炼厂得益于页岩油革命带来的低廉原料成本优势，油品出口经济性凸显，成品油出口量呈现爆发式增长态势。中东地区石油产业链逐步由上游向下游延伸，炼油能力快速提高，带动成品油出口量增加。亚太地区成品油贸易格局也在发生改变，我国通过加大成品油出口力度调节国内资源平衡，成为亚太地区仅次于印度和韩国的第三大汽、煤、柴油净出口国。综观全球炼油格局变化新趋势，北海沿岸、地中海沿岸、韩国蔚山和新加坡裕廊岛等出口导向型炼厂面临出口地位下降态势，而美国墨西哥湾、中东红海沿岸、波斯湾沿岸、印度西海岸和中国东南沿海等出口导向型炼厂出口地位则不断提高。

二 全球新增炼能主要来自苏伊士以东地区

（一）2018年全球新增炼能全部来自苏伊士以东地区

过去十年间，苏伊士以东地区[①]炼油能力迅速扩大，成为全球新增炼能的最主要贡献力量，带动全球石油贸易和石油产业重心东移。根据现有规划判断，2018 年全球新增炼油能力预计为 145 万桶/日，基本全部来自苏伊士以东地区。分区域来看，亚太地区新增炼能近 100 万桶/日，占全球新增炼能的 67%。主要炼油项目有：荣盛集团旗下浙江石化一期计划于 2018 年底投产，新增炼能 40 万桶/日；恒力石化新建长兴岛炼化一体化项目也将于 2018 年四季度投产，炼能为 40 万桶/日。

近年来，中东地区受到市场需求增长和相关政策鼓励的影响，炼油工业得以快速发展，预计 2018 年新增炼能 24 万桶/日，占全球新增能力的 17%。新增炼油能力主要来自伊朗、伊拉克和科威

---

① 主要是指亚太和中东区域，本报告中这一提法也涵盖了苏伊士运河沿岸和地中海东岸国家（土耳其和埃及）。

特。国际社会解除制裁后，伊朗炼油业进入快速发展阶段，2018年 Bandar Abbas 港口凝析油装置的改扩建工程新增炼能 11.4 万桶/日；伊拉克巴士拉港炼油项目将新增炼能 7 万桶/日；科威特 2018年计划淘汰 Mina Al-Ahmadi 炼厂的一套 11.2 万桶/日的原油蒸馏装置，同时在该厂新建一个能力为 17.1 万桶/日的原油蒸馏装置，预计 2018 年年中投产。

此外，土耳其 Aegean 炼厂项目计划于 2018 年投产，炼油能力为 20 万桶/日，以加工轻质和中质低硫油、含硫油为主，油品销售对象为土耳其市场及周边伊拉克、以色列等中东市场。该项目由阿塞拜疆国家石油公司（Socar）负责运营。

（二）炼油毛利总体维持较好水平

尽管 2018 年全球新增炼能集中上马，但鉴于多数项目于四季度甚至年底投产，预计全年全球炼油毛利总体仍维持较好水平。从需求角度来看，世界经济已经迎来了金融危机后的最好局面，欧美经济全面复苏，新兴经济体经济增长动力不减，推动世界石油需求继续保持高增长态势，自 2014 年开启的新一轮炼油行业景气周期将得以延续。从我国的新增炼能情况来看，2018 年投产的几个主要的新项目，如宝来集团的盘锦扩能项目计划于 2018 年年中投产，浙江石化一期和恒力石化项目计划投产时间均为 2018 年四季度，并且存在推迟投产到 2019 年的可能性。因此，这部分新增能力对炼油毛利的影响可能要到 2019 年才会得到体现，对 2018 年炼油毛利的影响有限。

三　全球炼油工业向规模化、一体化和集约化发展

（一）全球炼油能力加速增长

全球经济稳步复苏将继续推动世界石油需求保持增长态势，加之苏伊士以东地区大部分国家仍处在工业化中期，发展模式总体仍是由重工业和基建带动的粗放型增长模式，将带动石油需求快速增长和炼油能力大幅扩大。预计到 2020 年，全球一次炼油能力有望在 2018 年基础上进一步增加 292 万桶/日至 1.07 亿桶/日，增量绝大部分仍来自苏伊士以东地区，其他地区炼油能力发展较为缓慢或总体保持稳定。从具体项目来看，2019～2020 年，亚太地区有多个大型项目集中投产，将加剧区内炼力过剩态势，原油资源争夺也将更加激烈。其中，我国 20 万桶/日以上的新建和扩建项目有：中石化湛江东海岛中科一体化项目（20 万桶/日）2019 年投产，浙江石化二期（40 万桶/日）2020 年投产，中石化古雷石化（32 万桶/日）2020 年投产。此外，马来西亚国家石油公司位于 Johar 的新炼厂将于 2019 年投产，炼能为 28.8 万桶/日；恒逸石化在文莱投资新建的大摩拉岛石化一体化项目（Pulau Muara Besar）一期计划于 2019 年投产，炼能为 16 万桶/日；印度斯坦石油公司对 Vizag 和孟买两大炼厂的扩能项目将于 2020 年投产，分别扩能 12 万桶/日和 7 万桶/日。中东地区新增能力主要来自沙特、伊朗、阿联酋和伊拉克，累计新增炼能 74 万桶/日，占全球新增炼能的 1/4。其

中，沙特阿美 Jizan 炼厂计划于 2019 年投产，新增炼能 40 万桶/日；阿联酋国家石油公司 Jebel Ali 炼厂扩建项目拟于 2019 年四季度投产，炼能由 14 万桶/日提高至 21 万桶/日；伊朗 Abadan 炼厂扩建工程也将于 2020 年完工，新增炼能 20 万桶/日；伊拉克 Basrah 炼厂扩能项目计划于 2020 年投产，扩建后炼能由 14 万桶/日提高至 21 万桶/日。此外，埃及也有两个新建和扩建项目投产，一是埃及国家石油公司亚历山大港 Midor 炼厂，计划于 2019 年投产，炼能由当前 10 万桶/日提高至 16 万桶/日；二是 Carbon Holding 公司在 Ain Sokhna 港新建的 Tahrir 炼厂也将于 2019 年投产，该项目将是埃及首个炼油化工一体化项目，新增炼油能力 6 万桶/日。

（二）清洁燃料质量标准升级提速

近年来，随着社会公众环保意识的不断增强，全球主要国家油品质量升级步伐持续加速，车用燃料规格向高性能和清洁化方向发展。2017 年 1 月 1 日起，美国执行 Tier 3 油品标准，清洁汽油硫含量指标从 30ppm 降低至 10ppm；欧洲委员会要求欧盟成员国生产硫含量接近零的汽油；日本目前要求汽油硫含量不高于 10ppm；印度自 2017 年 4 月 1 日起执行相当于欧 4 标准的 BS4 清洁燃料标准，汽油硫含量不大于 50ppm，到 2020 年汽油硫含量不大于 10ppm。目前，我国油品质量标准已领先多数发展中国家，部分省份已达到发达国家水平。2017 年 1 月 1 日起，我国在全国范围执行国 5 标准，2019 年 1 月 1 日起将执行国 6 车用汽油和柴油标准。我国油品质量升级的总体趋势是汽油硫含量降至 10ppm 以下，柴油硫含量降至 10ppm 以下。

此外，2016 年 10 月 27 日，国际海事组织发布了《MARPOL 公约》，其中规定，2020 年后从事国际航运的船舶将不允许使用含硫量超过 0.5% 的燃油，这一规定适用于包括油轮、散货船、集装箱船在内的所有船只。目前船用燃料主要为高硫燃料油，含硫量为 3.5%，需求约为 350 万桶/日，占船用燃油需求的 80% 左右。目前来看，解决船用燃料硫含量规格提高的方法主要有四种：一是使用低硫燃料油取代高硫燃料油，但全球低硫燃料油生产能力有限；二是用低硫柴油调和高硫燃料油，这是目前多数船东比较认可的方式，预计将带动 200 万 ~ 300 万桶/日的柴油需求；三是用 LNG 动力船替代燃油动力船，但受基础设施滞后及商业运作模式不成熟等因素制约，LNG 动力船在短期内无法形成规模效应；四是在船上安装脱硫塔（Scrubber），但安装成本较高，通常为 300 万 ~ 400 万美元，且洗涤装置将占用一定的货舱面积，对于老旧船只和小船而言，废弃可能比安装洗涤装置更具经济性，预计未来安装洗涤装置的船只比例可能会低于 10%。

（三）炼油化工规模化趋势日渐突出

近年来，全球炼油工业向规模化、一体化和集约化发展。据美国《油气杂志》统计，2016 年全球共有炼厂 615 个，比 2005 年减少 46 个；炼厂平均规模为 20 万桶/日，比 2005 年提高 3 万桶/日。中长期内，为持续降低成本，提高资源的综合利用效率，炼厂大型化趋势仍将持续。我国 2014 年 9 月下发的《石化产业规划布局方案》对新建炼油项目能力也提出了明确要求，单系列常减压装置

原油加工能力要达到 1500 万吨/年及以上，单厂原油加工能力可达到 4000 万吨/年以上，要求按照炼化一体化、装置大型化的原则建设新炼油项目。预计随着欧美等地区炼油业务调整重组导致一些中小型炼厂关闭，以及中东和亚洲部分大型炼油项目投产，全球炼厂规模和装置规模将进一步扩大。

参考文献

［1］柯晓明、袁建团、乞孟迪：《全球炼油格局变化及成品油贸易发展的新趋势》，2015 年 3 月。

［2］李雪静：《2016 世界炼油工业加速调整升级》，2016 年 2 月。

B.13
世界石化工业发展步入快速道

骆红静*

摘　要： 2016～2018 年，全球石化工业步入发展快速道。受经济复苏的拉动，全球石化工业投资恢复，年均增速达 4.1%，需求明显提升，年均增速达 3.6%，产业景气度维持较好的水平。以乙烯产业为例，产能及需求增长明显加快，2016～2018 年新增产能是前五年增量的 1.35 倍，其中亚洲及北美是本轮产业发展的主力，占全球的比重持续提升；而芳烃产业则受供需发展不协调的影响，市场波动明显加大。由于目前石脑油及乙/丙/丁烷合计占乙烯原料的比重高达 96%，芳烃原料全部来自炼油产品，因此石化行业的发展对石油发展也有巨大影响。

关键词： 石化　投资　乙烯　芳烃

---

* 骆红静，高级经济师，毕业于中国纺织大学化学纤维专业，现任中国石化经济技术研究院市场营销研究所副所长，长期从事国内外合成纤维、合纤原料、芳烃等产品的市场供需、价格及产业链发展趋势等的研究工作。

一 经历了短暂的投资失速后，全球石化工业再度快行

（一）经济复苏促使全球乙烯工业重新步入发展快车道

石化工业是促进国民经济和社会发展的基础产业及支柱产业。其中，乙烯作为石化工业的发展基础，其发展历程可以充分体现和代表石化工业的发展轨迹。一方面，作为产业龙头，乙烯及其下游衍生物占整个石化产业规模的一半以上，乙烯工业是石化工业发展的旗帜及风向标；另一方面，随着经济的发展和人民生活水平的不断提高，各种化工材料新应用领域的拓展及材料之间的替代也为乙烯工业发展提供了巨大空间。

2008 年爆发的金融危机在重创了全球经济的同时，也对全球石化工业造成了巨大的打击：一方面，经济衰退拖累了石化产品的消费；另一方面，2009～2010 年油价大幅下滑及行业盈利水平恶化抑制了行业投资，特别是以石脑油为原料的裂解乙烯产能增长明显放缓。2010～2015 年，全球新增乙烯产能 1514 万吨/年，年均仅增长 300 万吨左右，是 2005～2010 年产能增量的 53% 左右。

随着欧美经济企稳、失业率降低及消费信心的提升，全球经济景气度再度回升。经济复苏对全球石化工业的拉动作用十分明显，2015 年开始全球石化行业出现回暖迹象，突出表现为：①需求保持较快增长，2015～2017 年，全球乙烯消费增速呈逐年加快的趋势，年均增长 4.2%，远快于 2010~2015 年不到 3% 的增长水平；
②石化行业投资回升，特别是新的产能建设方面，2016 年起全球
乙烯产能增速明显加快，增幅明显加大。

截至 2016 年底，全球乙烯产能达 1.63 亿吨/年，2017 年底增
至 1.71 亿吨/年，预计 2018 年进一步增至 1.8 亿吨/年，近三年全
球乙烯产能增量合计超过 2000 万吨/年，年均增量近 700 万吨/年，
且增幅呈逐年扩大的趋势（见表 1、图 1）。

表 1   2010~2018 年全球乙烯供需变化

项目	2010 年	2015 年	2016 年	2017 年	2018 年
产能（万吨/年）	14406	15920	16303	17063	17966
产量（万吨）	12296	14081	14586	15248	15810
消费（万吨）	12218	14154	14743	15366	15810

数据来源：EDRI。

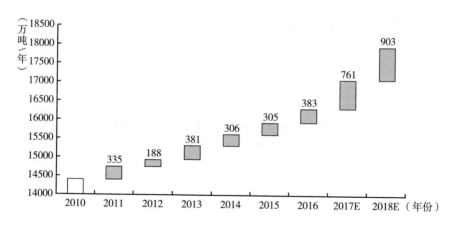

图 1   2010~2018 年全球乙烯产能增长情况

数据来源：EDRI。

（二）全球芳烃工业发展的局部不协调性加剧市场波动

芳烃工业是连接炼油与化工产业的核心环节：原料完全依赖炼油装置产物，产品全部生产合成材料（合成纤维），具有消费领域单一、消费地区集中的特点。因此，与乙烯工业发展主要受经济拉动的影响明显不同，全球芳烃（PX）工业发展更受下游直接需求驱动，因此区域不协调发展也加剧了市场波动性。

金融危机后，中国的纺织行业率先复苏，带动了合纤原料及芳烃需求快速增长，但区域发展存在严重不平衡，一方面中国市场上需求旺盛，供需缺口持续扩大，另一方面由于受到民众反对，芳烃（PX）产业在中国一直难以发展。受中国供应短缺持续扩大的驱动，近几年其他国家着力投资芳烃产业。2010～2015年全球 PX 产能净增 1175 万吨/年，超过了 2005～2010 年的产能增量。

截至 2016 年底，全球 PX 产能达 4831 万吨/年，2017 年底增至 5122 万吨/年，预计 2018 年将进一步增至 5301 万吨/年（见表2）。

表 2　2010～2018 年全球 PX 供需变化

项　目	2010 年	2015 年	2016 年	2017 年	2018 年
产能(万吨/年)	3643	4818	4831	5122	5301
产量(万吨)	3016	3751	3938	4240	4355
出口量(万吨)	955	1720	1850	1810	1821
消费(万吨)	2987	3755	3952	4240	4355

数据来源：EDRI。

过去几年全球芳烃工业投资阶段性特征明显，且发展更靠近资源端、远离消费端。2013～2015 年全球 PX 新增产能明显增多，远超过需求增长（见图 2），这为近几年芳烃产品价格低迷、效益恶化埋下伏笔。

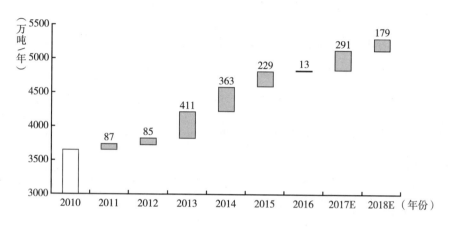

图 2　2010～2018 年全球 PX 产能增长情况

数据来源：EDRI。

二　消费市场支持亚洲投资，资源优势
打造北美基地

（一）消费能力的提升夯实和支撑了亚洲石化业投资

2010 年以来，受亚洲地区经济稳步发展、消费水平持续提升、下游制造业升级加快、新产业及业态不断涌现的拉动，地区内石化产品消费领域不断拓展，消费空间不断扩大。由于地区内供应短缺，每年需要从区外调入大量的石化产品满足下游需求，因此亚洲

地区主要石化产品进口贸易量及占全球的份额也较高。这些都成为亚洲大力发展石化工业的重要动力。

2010～2016 年，亚洲乙烯消费量占全球的比重从 36% 升至 38%；同期，该地区每年进口乙烯超过 300 万吨，占全球贸易的比重从 81% 升至 87%（见图 3）。这也从一个侧面反映了亚洲地区乙烯需求旺盛、缺口较大的局面，因此亚洲正在成为拉动全球乙烯工业发展的主力军。2016 年，亚洲乙烯能力达 5818 万吨/年，占全球的份额达 35.7%，较 2010 年提升 2.2 个百分点；2010～2016 年，该地区新增乙烯产能占同期全球新增产能总量的 52%。

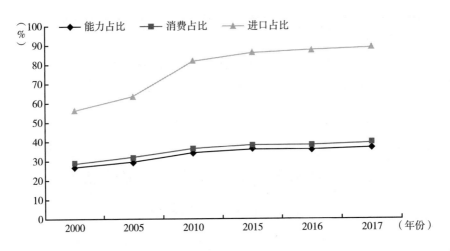

图 3　亚洲乙烯供需及进口量占全球份额的变化

数据来源：EDRI。

巨大的消费市场潜力及活跃的资本共同支持地区内乙烯工业获得持续的投资、建设及产能释放。预计 2017～2018 年，亚洲地区还将新增 742 万吨/年乙烯产能，占同期全球乙烯产能增量的 45%

左右，其中，中国是最为重要的力量。

与乙烯发展得风生水起有所不同，亚洲地区芳烃工业发展略显失衡。2016年，亚洲地区PX产能达3608万吨/年，占全球总产能的74.7%，较2010年提升4.6个百分点；而PX消费量3331万吨，占全球总消费量的84.3%，较2010年提高6.7个百分点；由于需求旺盛，地区PX进口贸易量逐年递增，从2010年的810万吨左右增至2016年的1650万吨左右，贸易量净增一倍，占全球进口贸易量的比重从85%增至89%（见图4）。

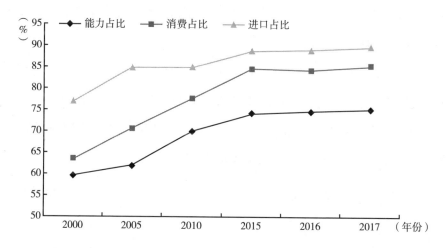

图4 亚洲PX供需及进口量占全球份额的变化

数据来源：EDRI。

由于受到民众的反对，亚洲芳烃消费主力——中国在芳烃投资发展方面难以向前，因此地区内的芳烃工业发展集中于韩国、新加坡及印度等地，上述国家芳烃工业发展的输出型特征明显，目标是中国。作为进口大国，2010~2016年中国PX进口量从353万吨猛增至1236万吨，占全球贸易量的比重从37%增至67%，相当于地

区出口贸易量的比重从 56% 增至 92%。

受地区供应缺口及需求增长的共同拉动，2017～2018 年亚洲地区还将新增 330 万吨/年 PX 产能，占同期全球新增产能的 70%，该地区依然是全球芳烃工业发展的重要推动力。

（二）新技术及高油价支持了北美石化产业再度崛起

金融危机后，国际原油价格在短暂地下跌了一年多后重新步入上涨通道，并且 2010～2014 年基本维持在 80 美元/桶以上的水平。较高的油价水平在一定程度上促使了新技术、新资源的开发及利用，尤以美国页岩气化工为代表。

随着水压裂技术在页岩油气勘探开发中的应用水平提升，美国富含乙烷气体的页岩气开采量大增，并且化工利用深度加大。由于乙烷气与当地天然气价格挂钩，长期保持较低水平，所以美国乙烷路线乙烯生产成本处于全球较低水平（见图 5）。

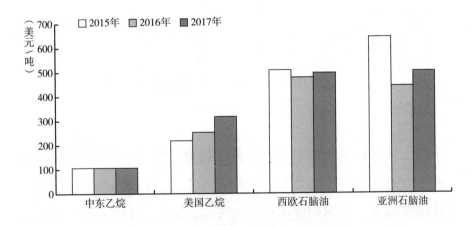

图 5　2015～2017 年全球主要地区乙烯生产成本比较

数据来源：EDRI。

受全球乙烯需求恢复增长的驱动，北美地区加快乙烯原料的调整及落后产能的更替，其中美国乙烯产能在2015年基本恢复到金融危机前的水平，其新建乙烯产能将从2017年开始陆续投放，并且这种释放将持续到2023年（见图6）。美国乙烯产能占全球的比重将从2014年的18%左右提高到2020年的21%。

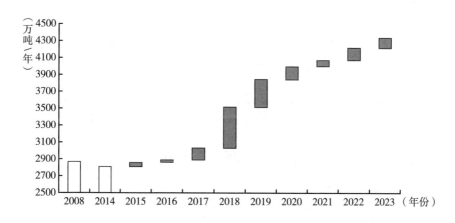

图6　未来美国乙烯新增产能变化

数据来源：EDRI。

三　石化行业景气度再回升，2017～2018年盈利可期

经济的波动、投资行为的反复，造就了行业周期的产生，周期主要通过行业投资、开工以及盈利能力三个方面体现。从世界石化工业历史的发展规律来看，石化市场具有明显的周期性，6～9年一次，且周期波动与经济的紧密程度更大。但本轮景气周期中，地区差异及油气价比的变化，对景气周期的波动峰/谷值的影响程度

有所加大。据研究，本轮景气周期还在峰值区，2017～2018年石
化行业盈利水平仍较好（见图7）。

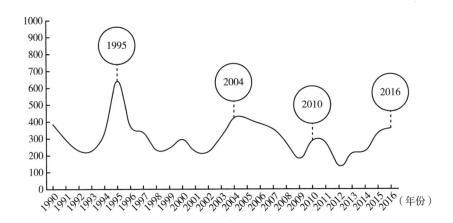

图7　全球石化行业景气周期变化

数据来源：EDRI。

（一）投资滞后助推了本轮石化周期的回升

研究本轮景气周期回升的影响因素，一方面经济恢复对于需求
增长起到至关重要的拉动作用，对景气周期的来临起到支撑作用；
另一方面过去几年全球石化产业投资迟滞助推了本轮景气周期的回
升（见图8）。

在经历了2009～2010年对金融危机影响的修复后，2012年起
全球乙烯消费增速明显加快。如前所述，2010～2015年全球乙烯
产能增量仅能维持需求增量的最低水平，产能增速落后于需求。在
本轮石化景气周期的推动因素中，滞后的投资对景气周期的回升起
到较强的助推作用。

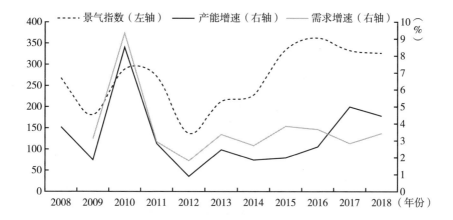

图8　本轮石化景气周期与乙烯供需变化情况

数据来源：EDRI。

（二）油价下跌推升了本轮石化周期的景气水平

石化景气指数以利润指数为测算及预测的基准。尽管目前全球石化行业中非油路线的产品规模开始扩大，但石脑油仍是石化行业最为基础的原料，因此油价也直接或间接地影响到石化产品的消费、价格及盈利水平。

2014年下半年起国际原油价格步入下跌通道，而全球的石化产品需求增速在短暂放缓后，开始加快增长。根据景气周期指数模型的测算，较低的油价在本轮景气周期的上升过程中起到明显的推升作用（见图9），特别是对芳烃产业的景气水平起到直接拉动作用。

（三）消费各异分化了各板块周期的景气度

石化产品消费领域涵盖了人们的"衣、食、住、行"各方面，

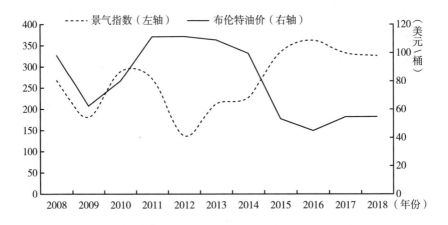

图9 本轮石化景气周期与油价变化情况

但不同链条石化产品的加工级数、应用水平及下游制造业在国民经济中起到的作用均有所不同，因此消费领域各异在本轮景气周期中也分化了各板块周期景气度。

与乙烯产业相比，芳烃的消费更为单一，而下游产业产能长期过剩明显影响了本轮产业景气度回升的时段及水平。如前所述，在经济恢复、需求增长的情况下，产能的变化及原料成本对于行业利润的影响程度较大，短期产能大幅释放推迟了芳烃产业的景气来临，同时也压低了景气回升度。

相反，乙烯产业下游领域涉及更广泛，对于经济好转及需求改善的反应更灵敏，因此在景气回升的时间段上表现更积极，几乎与整个石化产业景气同步回升，并且受产能释放滞后及低成本原料增多的共同作用，乙烯产业景气水平明显好于整个行业（见图10）。

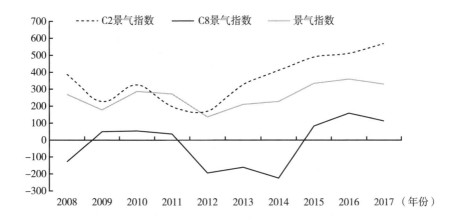

图 10　本轮景气周期中不同产业链的表现

注：C2 指乙烯产业链；C8 指芳烃产业链。
数据来源：EDRI。

（四）石化产业的可持续发展将助推石油消费

根据目前全球乙烯装置的进料组成及各类装置开工情况，石脑油在全部乙烯原料中的占比逐步下滑，已从 2000 年的 61% 下滑到 2017 年的 43.8%；而同期受中东石化工业快速发展、高油价下轻烃原料价格持续提高、北美页岩气化工利用加快的影响，乙烷、丙烷及丁烷在乙烯原料中的占比呈快速增长的势头，从 2000 年的 38% 增至 2017 年的 52.3%。从未来乙烯产能建设、原料路线来看，即使亚洲的甲醇制烯烃、煤制烯烃保持较快发展，石脑油及各类轻烃占乙烯原料的比重仍在 94% 以上。

与乙烯原料多元化相比，全球的芳烃进料基本来自炼油产品，包括重整生成油、混合芳烃、裂解汽油等。

因此，石化行业的发展不仅体现了下游制造业的技术及发展水平，同时也对整个上游石油产业产生了巨大的影响。

参考文献

［1］中国石化咨询公司：《石油石化市场年度分析报告（2011）》，2011。

［2］中国石化咨询公司：《石油石化市场年度分析报告（2016）》，2016。

［3］中国石化咨询公司：《石油石化市场年度分析报告（2017）》，2017。

B.14
中国炼油业转型升级展望

张　硕　李振光*

摘　要： 2017 年，中国炼油产业规模扩张与内涵发展并行，原油一次加工能力突破 8 亿吨/年，石油表观消费超过 6 亿吨，成品油出口持续位居高位；地方炼厂占比继续扩大，管道建设不断提速；原油劣质化及油品质量的要求不断提高，使炼厂二次精加工装置占一次装置的比例继续提高；产业集中度进一步提升。2018 年，中国炼油产业继续调整发展，成品油市场化进入深水区，行业环境进一步改善；新增产能的释放将影响区域资源供应结构及流向；大型民营炼化一体项目有望投产。长期来看，中国炼油产业面临着需求结构转变、市场放开、原料劣质化、绿色低碳生产等挑战，将促进中国炼油产业不断转型升级，实现可持续发展。

关键词： 炼油产业　转型升级　市场化

---

* 张硕，中国石化经济技术研究院经济师，硕士，从事炼油企业发展及成品油市场研究；李振光，中国石化经济技术研究院高级经济师，硕士，从事石油市场研究。

一 中国炼油产业发展进入新时代

中国炼油行业历经几十年的发展，一批先进生产能力逐步形成，炼油行业已成为国民经济战略性支柱行业；未来，产业结构调整及市场化改革将成为推动炼油行业转型升级的主要动力，中国炼油行业监管及产业优化之路将继续深入推进。

（一）产业发展已具世界影响

1. 炼油能力突破8亿吨/年，石油消费已超6亿吨

中国已经成为名副其实的炼油生产与石油消费大国。从生产规模看，2017 年原油一次加工能力继续增加，达到 8.15 亿吨/年，较 2016 年增加 2980 万吨/年，同比增长 3.9%，占全球炼油能力的 17%，继续位居世界第二位；从消费规模看，2017 年石油表观消费达到 6.11 亿吨左右，同比增长 5.6%（见图 1）。

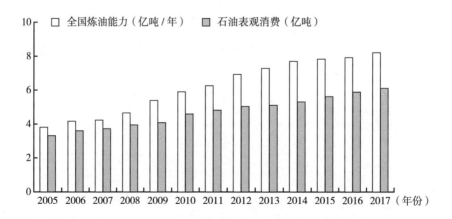

图1　中国炼油能力及石油表现消费规模

2. 油品出口量已达世界级，亚太影响力增强

2000 年以来，中国成品油资源出口表现出了从规模到结构的巨大变化。2000～2010 年，中国国内煤油及柴油大体保持供需平衡，主要以汽油出口为主，出口量在 500 万吨左右；2010 年以来，随着炼油产能持续扩大，需求增速放缓，炼油产业逐渐向出口型方向发展，汽、煤、柴实现全面净出口。

2016 年，国内成品油净出口合计 3355 万吨，同比大涨 57%，成为亚太地区继印度、韩国之后第三大净出口国家；2017 年，出口规模受到配额和基础设施限制，保持小幅增长，全年成品油净出口量在 3600 万吨左右。

3. 炼油技术自主创新增强，达到世界先进水平

新中国成立初期，中国只有原油蒸馏、馏分油热裂化、釜式焦化等几种较简单的生产工艺技术。经过 20 世纪 50 年代的恢复和引进吸收，尤其是 60 年代以"五朵金花"为代表的炼油技术进步，中国可生产所需的全部油品。改革开放以来，炼油工业经过了又一轮跨越式发展，经过引进、消化、吸收和再创新，开发了催化裂化系列技术、加氢裂化系列技术、炼化一体化技术、劣质重油加工技术、炼厂轻烃综合利用技术、重油催化裂解制取低碳烯烃技术、芳烃生产技术等一系列核心工艺技术，取得巨大成效。

同时，炼油工程技术也取得了重大进步，中国炼油工业已经具备自主建设大型现代化炼油厂工程技术能力，目前单套常减压最大能力达 1200 万吨/年，单套催化裂化、催化重整、加氢裂化、渣油加氢和延迟焦化装置最大规模也分别达到 350 万吨/年、240 万吨/年、400 万吨/年、390 万吨/年和 420 万吨/年，均已达到世界先进

水平。2017 年，中国千万吨级炼厂 25 家，合计一次加工能力 3.5 亿吨/年，占全国炼油总能力的 43%。

（二）多元供应格局业已形成

从供应主体来看，2017 年中国石油、中国石化、中国海油三大集团的炼油能力占比由 2007 年的 83% 下降到 66%；其他国企（中国化工、中国兵器、延长集团、中国中化）占比 9%；民营炼厂占比继续提高，由 11% 上升到 24%，国内成品油市场供应主体多元竞争格局业已形成。

1. 民营炼厂进口原油大增，生产活力不断释放

截至 2017 年，已有 29 家炼厂获批合计 9525 万吨/年的进口原油使用总配额，覆盖一次加工能力 1.3 亿吨/年，占全国总能力的比例达到 16%；全年合计下发原油非国营贸易进口配额超过 1 亿吨。

原料瓶颈的破除刺激民营炼厂开工负荷显著提高，监测数据显示，山东民营炼厂开工率由 2015 年的 42% 激增至 57%，原油占原料的比例由 2015 年的 76% 上升到 97%；原料结构的彻底优化，也使民营炼厂二次精加工装置加速落地，装置结构与主营炼厂差距不断缩小，特别是加氢装置及催化重整装置，占比进一步提高。

2. 地方国企参股民营油企，新兴模式初露端倪

2017 年 9 月 29 日，浙江石油股份有限公司正式成立，注册资本 110 亿元，由浙江省能源集团、浙江石化、浙江省海港投资运营集团有限公司、浙江省交通投资集团有限公司及物产中大集团股份有限公司共同参股设立，成为继陕西延长之后，中国第二家地方性

石油公司，兼具石油资源保供和市场化路线双重功能的"浙江模式"初露端倪。

目前，伴随着国内进口原油"双权"放开，加之当前定价机制支撑炼油利润依旧保持高位，民营资本活力不断释放，而"浙江模式"出现于国家鼓励资源配置市场化、国有企业混合所有制改革的宏观背景下，顺应了国家油气领域市场化改革大势，加之对当地经济及就业的利好刺激，省级政府也给予了大力支持。

3. 油品管道建设加速，区域互联程度加强

2017年，民营炼厂储运设施建设进一步加速，输油管道建设进一步完善，继2016年12月烟台—淄博原油运输管道（1000万吨/年）投产之后，2017年8月董家口—潍坊一期原油管道（3000万吨/年）正式输油。目前，山东地炼已有6条输油管道投入运营，原油运输能力合计8300万吨/年，成品油运输能力合计900万吨/年（见表1）。

表1　山东地方炼厂已投产输油管道

管道名称	年输送能力（万吨）	起点	终点	主要使用炼厂
日东管道	1000（原油）	岚山港	东明石化	东明石化
黄潍管道	1500（原油）	黄岛港	潍坊开发区	弘润、昌邑、海化、寿光联盟等
莱昌管道	1300（原油），500（成品油）	莱州港	昌邑石化	昌邑石化
联东管道	400（成品油）	联合石化	东营港	联合石化
烟淄管道	1500（原油）	烟台港	淄博市	京博、金诚、汇丰、华星、正和
董潍一期	3000（原油）	董家口港	东营港	潍坊、东营地炼

（三）发展内涵持续深化

1. 装置结构不断调整，原油加工适应性增强

随着资源结构及市场需求的双向变化，中国炼油产业在控制炼油能力过快增长的同时，不断调整装置结构及产品结构，提高石油资源高效利用技术、多产汽油和航煤技术及油化结合技术，以同时应对来自生产端和需求侧的挑战。

从生产端看，针对加工原油的多样化、劣质化，中国炼油工业持续进行结构调整，加工高硫、高酸、重质原油的能力明显增强。目前，高含硫油加工能力超过1.74亿吨/年；含酸原油加工能力超过7350万吨/年。中国原油二次加工能力占比见表2。

从需求侧看，随着宏观经济的阶段性发展、汽车市场规模的扩张及电力、天然气等替代燃料的快速发展，汽柴油终端消费呈现不同的发展态势，国内消费柴汽比在2005年前后达到2.27∶1的高峰之后缓慢下降，2012年跌破2∶1之后加速下滑，2017年下降至1.21∶1。面对市场需求的快速变化，国内炼厂产品结构调整迈出新步伐，不断调整产品结构，2012年之后，生产柴汽比紧跟消费柴汽比回落至2017年的1.36∶1，基本实现了生产柴汽比与消费柴汽比的同步变化。

化工产品结构调整的重点是提高高附加值产品比重，各大石化公司都加大了合成树脂专用料和差别化纤维的品种开发力度。

2. 加快淘汰落后装置，产业集中度不断提升

2017年中国单厂规模超千万吨级的企业达到25家，合计一次加工能力3.5亿吨/年，占全国炼油总能力的43%；其中17家炼厂实现了炼化一体化，炼化一体化合计产能达到全国总能力的31%。

表2　中国原油二次加工能力占比

单位：%

年份	催化裂化	延迟焦化	加氢裂化	汽煤柴加氢精制	催化重整
2000	35	12	5	11	7
2005	34	16	6	17	7
2010	29	18	9	31	9
2015	30	18	10	45	10
2017	29	17	10	46	11

进口原油使用权放开之后，中国炼油产业落后产能退出步伐不断加快，石化联合会数据显示，2015年及2016年合计淘汰落后产能超过6000万吨/年。2017年中国炼厂单厂平均规模达到506万吨/年（见图2）。

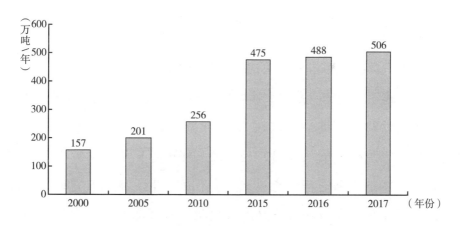

图2　国内炼厂单厂平均规模

3. 基地化、园区化趋势明显，产业集群初步形成

2014年，《石化产业规划布局方案》出台，重点建设大连长兴岛（西中岛）、上海漕泾、广东惠州、福建古雷、河北曹妃甸、江

233

苏连云港以及浙江宁波七大化工园区，打造世界一流的炼化产业基地。

中国炼油工业长期存在布局分散、安全环保压力大、中间产品物流成本高、资源及能源利用率低等一系列问题。为解决这些问题，炼油行业必须走基地化、园区化发展道路。目前，中国化工园区建设已经形成一定成果，上海漕泾、浙江宁波、广东茂湛基地、广东惠州等地已初步形成具备代表性的炼化园区和基地。

二 2018年炼油行业将在发展与调整中继续前行

（一）行业开放与政策调整并行

1. 油气体制改革推进，价格市场化谨慎前行

2014年，国家能源局针对习近平总书记的"能源革命"要求提出阶段性目标，其中要求在2030年前完成"立法、监管、市场化、能源资源税改革"；2017年5月，国务院下发了《关于深化石油天然气体制改革的若干意见》，这一顶层设计着力于完善油气进出口管理体制、改革油气管网运营机制、改革油气产品定价机制和深化下游环节市场竞争性；7月，商务部发布《原油成品油流通管理办法（征求意见稿）》，市场准入条件进一步放宽。

"十三五"阶段的后半程，成品油领域市场化改革与配套措施建设双向发力，这让市场在资源配置中的基础作用日益凸显，市场活力将持续释放，进一步推动中国炼油供应格局向以两大集团为

主、以民营炼厂和新兴国有企业为辅、进口资源为补充的多元化供给模式转变，市场竞争将更加激烈。同时，整个流通体系和价格体系将被重构，成品油从生产到流通各环节的毛利均将受到挤压，将加速国内炼厂优胜劣汰的进程。

2. 进口原油申报暂停，加强用油企业后续监管

据统计，最终获得进口原油使用权的民营炼厂合计配额将超过1.1亿吨，基本覆盖所有规模民营炼厂。在成品油市场逐步放开的宏观背景下，下一步的工作重点将从解决民营炼厂原料不足问题转向持续加强已获准用油企业的运行监管，通过建立油气行业失信企业黑名单，健全油气行业信用体系，充分发挥信用的监督、规范等作用，并会同有关部门从工艺水平、产品质量、能源消耗、安全生产、环境保护、税收缴纳等方面进行动态监管，对严重失信及违法违规行为，实施包括调整用油数量、暂停或取消用油资质等在内的联合惩戒。

（二）产能释放改变竞争形势

1. 惠州、昆明炼厂全面达产，全国油品流向面临调整

2017年三季度，中石油昆明炼厂（1300万吨/年）、中海油惠州炼厂二期（1000万吨/年）先后投产。2018年两座千万吨级炼厂将完全实现达产。

2018年，预计昆明炼厂的成品油资源将辐射云南全省及四川、重庆、贵州、广西等西南省份，西南地区以往以华南炼厂、沿江炼厂、广西石化、四川石化资源为主，西北炼厂和山东地炼资源补充的供应格局将被打破，需求由外部资源调入转向内部资源满足。以

陕西延长为代表的西北炼厂资源后期将逐步丧失竞争性，山东地炼以及调油商在西南区域的市场份额也将出现缩水。

2. 民营一体化项目投产在即，大炼油转向大化工

随着进口原油使用权放开、七大化工园区等政策红利的不断释放，民营资本进入炼油行业的积极性不断提高。据统计，民营企业已经宣布的千万吨级炼化一体化新建项目合计产能已经超过 1.3 亿吨/年；大连恒力（2000 万吨/年）及浙江石化一期（2000 万吨/年）炼化一体化项目均计划于 2018 年正式投产。未来部分炼化一体项目见表 3。

表 3　未来部分炼化一体项目

单位：万吨/年

企业名称	所属集团	新增能力
中科湛江	中石化、科威特石油公司	1000
恒力石化	恒力	2000
一泓石化	浅海	1500
盛虹石化	盛虹	1600
舟山一期	荣盛等	2000
唐山旭阳	旭阳集团	1500
揭阳石化	中石油、委内瑞拉国家石油公司	2000
古雷石化	中石化	1600
合计		13200

"十三五"期间大型炼化一体化项目陆续落地，将开启中国炼油产业从大炼油向大化工转型的实质性新阶段，炼油产业的任务将从大量生产成品油逐步转变为在满足市场对高品质清洁油品需求的同时，尽可能提高烯烃、芳烃等基础化工原料的产品比例，从而为

下游高端新材料、专用化学品和精细化工产业发展提供更加优质的原料保障，进一步拓展炼化行业发展空间，并带动整个行业的提质增效和转型升级。

3. 民营炼厂加快产业融合，上下游协同能力增强

一方面，随着原料瓶颈的破除及成品油市场竞争日趋激烈，部分具备一定规模的民营炼厂正加快延长现有产业链，建设配套化工装置，逐步由燃料型炼厂转型为化工型炼厂。例如，山东东明石化已形成包括15万吨/年离子膜烧碱、5万吨/年甲乙酮、10万吨/年苯乙烯、12万吨/年烯烃、5万吨/年丁烯橡胶、20万吨/年丙烯、50万吨/年MTBE的化工板块。其他地炼也在积极发展C3、C4产业链相关石化产品和橡胶等化工产品。

另一方面，针对单厂规模小、采购渠道不足、市场掌控力弱的不足，民营炼厂"抱团发展"趋势更加明显。以山东地炼为例，2017年9月山东炼化能源集团正式成立，十余家民营炼厂将逐步形成统一原料采购，以石油采购联盟为平台，实现石油等大宗原料的集中采购、成品油等产品的统一销售和出口以及统一零售终端领域管理等，以解决民营炼厂原油采购及物流成本较高、分销渠道及零售终端不足、恶性竞争激烈等问题。

三　市场变革推动炼油产业深化转型升级

（一）市场化促进整体竞争力提高

在国内炼油产能过剩的宏观背景下，全面市场化后，现行定价

机制对炼厂盈利的支撑作用消失，竞争加剧必将压缩批发价与出厂价价差，炼油板块持续盈利能力将下降，参考日韩等国家的经验，出厂价和批发价间的价差缩减将批发环节毛利率降到1%以下；此外，贸易壁垒的消失使国内市场直接暴露在国际竞争环境中，进口资源、主营单位资源和社会资源将直接处于同一竞争起点，价格将逐步趋同。在买方市场环境下，"炼厂—销售—消费者"的中间环节缩短，市场压力传递的速度和强度都会增大。

全面市场化的同时也伴随着大化工时代的来临，未来将逐步形成主营单位、地方炼厂与民营一体化项目三足鼎立的供应格局：主营单位产业链布局全面，上游原油供给畅通，下游销售网络布局完善，但体制较为固化；地方炼厂结构灵活，加工成本低，但力量薄弱，下游销售终端短缺；民营炼化一体项目芳烃自用，炼厂规模大，化工布局较为完善，但也同样面临销售渠道问题。在竞争日益白热化的环境中，一体化程度低、受原料及成品油价格波动影响较大的小型燃料型炼厂将逐步被淘汰，行业整体集中度和竞争力将大幅提高。

（二）化工原料多元化推动炼厂装置调整

炼化一体化有降低生产成本和原料成本、拓宽石化原料来源、提高生产灵活性、实现产品多样化等优势。

从应对炼油与石化工业发展的挑战出发，用好重质、低质原油，通过炼化一体化多生产低成本的乙烯和丙烯、苯和对二甲苯是炼化一体化企业的关键，合理调整重油加工路线，提高原油转化深度和清洁化水平；完善成品油质量升级措施，发展烷基化、异构化、催化裂化柴油处理及低成本制氢等装置，优化催化裂化汽油处理、加氢精制等装置操作方案，兼顾油品质量升级与化工原料优化，合理发展催化重整、芳烃抽提、加氢裂化等装置。

（三）生产工艺面临低碳化、低硫化挑战

随着环境问题日益严峻，国家对炼油行业的污染物排放要求也日益严格。《石油炼制工业污染物排放标准》（GB31570 - 2015）针对不同排放源细化了控制要求，部分指标收严了排放限值，增加了特别排放限值要求，明确扩大了石油炼制工业废水的范围。废气排放方面，具体化了催化裂化催化剂再生烟气、酸性气回收尾气、有机废气收集处理排放口、工艺加热炉烟气的排放控制标准，并提出了 VOCs 的控制要求。《大气污染防治法》和新修订的《环境空气质量标准》也对炼油行业提出了一些限制，如要求禁止生产、进口、销售不符合标准的机动车船、非道路移动机械用燃料，禁止进口、销售和燃用不符合质量标准的石油焦等。

从需求侧看，中国油品质量升级持续推进。2018 年将国 V 标准推行至全国，2019 年实施第一阶段国Ⅵ标准。除此之外，根据国际海事组织的规定，2020 年燃料油含硫量将从 3.5% 下降到 0.5%。

为了符合环保标准、满足国内市场对低硫清洁油品的需求，中国炼油企业需优化原料及装置结构，采用加氢脱硫工艺，加强环保技术的开发和利用，如废水治理技术，废气、VOC 治理及温室气体减排技术等，必要时采取城市型炼厂搬迁等措施。

参考文献

[1] 戴宝华：《经济新常态下中国炼油工业的转型发展》，《当代石油石化》2015 年第 12 期。

[2] 中国石油和化学工业联合会：《2017 年度石化行业产能预警报告》，2017。

[3] 柯晓明：《"十三五"时期中国炼油工业发展环境和发展思路探讨》，《国际石油经济》2015 年第 5 期。

[4] 《国家发展改革委关于进口原油使用管理有关问题的通知》（发改运行〔2015〕253 号）。

B.15
中国石化工业再启扩张之年

吕晓东[*]

摘　要：　2017 年，国内环保督察加速了石化上下游产能的出清力度，行业集中度得以提高，行业效益明显回升。同年，国内基建投资发力承接了房地产投资的疲软、"禁废令"的出台及电子商务快速发展为国内合成材料消费领域拓展提供了空间，合成材料需求快速增长有力地拉动了基础有机原料消费，当年国内乙烯生产能力 2366 万吨/年，PX生产能力 1369 万吨/年，而两者消费增速均超过 10%。

2018 年，国内外经济形势良好，油价稳步上行，行业整体环境依然向好。由于国内几大炼化项目尚未投产、北美新增产能输出还未形成气候，国内石化行业效益仍值得期待。但由于库存回补到位，以及环保督察对产业发展继续发挥作用，预计国内供需增长放缓。其中，全年乙烯产能增长 184 万吨/年，PX 产能与上年持平；两者消费增速分别回落至 5%~6% 和 3% 左右。

关键词：　产能　合成纤维　合成树脂　合成橡胶　电子商务

---

* 吕晓东，高级经济师，工学硕士，2009 年毕业于天津大学化学工程专业，现主要从事石油石化市场研究工作。

一 化工效益持续向好，产业格局顺势转变

（一）产品需求快速增长，供应缺口持续扩大

2008 年全球经济危机后，经历需求短暂回落后，中国 4 万亿元投资快速跟进释放，2009～2010 年主要化工产品需求呈报复性反弹。在投资及需求的共同拉动下，石化下游行业产能快速扩张，2010 年至今国内乙烯产能年均增量超过 100 万吨/年，PX 产能年均增量接近 80 万吨/年。

2017 年中国乙烯产能达到 2366 万吨/年，PX 生产能力为 1369 万吨/年。预计 2018 年，国内乙烯行业产能将达 2550 万吨/年，PX 产能仍为 1369 万吨/年。与此同时，一方面受产业升级及去产能的影响，另一方面国内经济超预期反弹，使得 2017 年国内石化产品需求快速增长，当量乙烯及 PX 的消费增速均超过 10%，供应缺口进一步扩大，其中当量乙烯缺口接近 2000 万吨、PX 缺口接近 1500 万吨。

2018 年国内经济继续保持稳定较快发展，"三去一补"仍将是全年工业发展的主旋律，工业增长将有所回落，对于石化产品的需求拉动力略有减弱，预计全年当量乙烯消费超过 4500 万吨、PX 需求超过 2500 万吨，而同期国内新增产能有限，缺口将分别超过 2000 万吨及 1500 万吨，继续呈扩大趋势（见图 1）。

（二）低油价持续利好，石化行业效益较好

2017 年较低的油价水平和缓慢上行的油价为石化产品价格跟

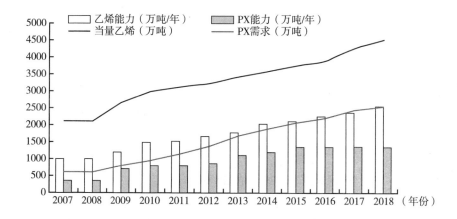

图 1　中国的乙烯和 PX 生产能力及消费情况

注：当量乙烯 = 乙烯表观消费量 + 下游衍生物净进口折算乙烯量。

进创造了良好的外部环境。当年，国内炼化一体化的企业合成树脂、合成橡胶等产品链盈利均在每吨千元级的水平，有机、合纤原料以及合成纤维也创下近年来的较好水平。2017 年，中国石化产品利润指数较上年上涨 4.2%，创近年来最好水平（见图 2）。

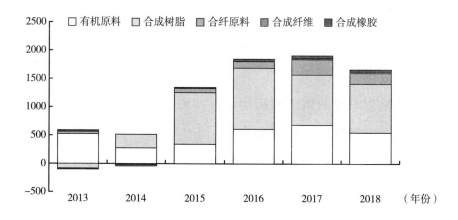

图 2　中国石化产品利润指数

注：利润指数涵盖合成树脂、合成橡胶、合成纤维、合纤原料、有机产品等 20 余种主要石化产品，以表观消费量加权利润进行核算。

2018 年，国际油价呈稳中向上的态势，化工产品消费的低油价红利，包括价格敏感性消费等，开始逐渐消退，石化产品整体利润空间将略有缩窄。预计全年中国石化产品利润指数较上年下降约12%，但整体仍处于较好水平。其中，合成树脂、有机化工产品板块盈利依然值得期待。

（三）下游加速去产能，企业集中度提高

2017 年 4 月开始的 15 省份环保督察对国内化工行业影响较大，特别是华北及华东地区，尤其以山东省为化工环保督察的核心省份，对电石法 PVC、甲醇下游产品、环氧氯丙烷、丙烯腈、氯醇法环氧丙烷、橡胶助剂、醇醚等化工产品的影响较大。

"一带一路"倡议的提出及"十九大"会议的召开、生产安全督察以及"三去一补"政策的持续推进、部分竞争力差的企业陆续退出市场，使得下游企业集中度显著提高，特别是大型化工企业开工负荷和盈利水平明显回升。

2018 年，各省环保检查仍将持续高压态势，2017 年中央经济工作会议也提到"三去一补"政策还将持续推进，并向制度化发展，预计化工产品的供需和利润将进一步向大型企业集中。由于上游石化企业生产规范化的程度较高，经过 2017 年的整改，2018 年环保检查对上游供应侧的影响将略有减少，但下游众多化工企业仍将面临较大的出清产能的压力。

（四）非油路线发展放缓，传统路线重启回归

自 2010 年首套煤化工装置投产以来，国内煤化工及轻烃化工等非

传统石油路线的装置产能取得快速发展，贡献了这一时期国内乙烯和丙烯新增能力的50%以上。2017年国内煤制烯烃产能已超过810万吨/年（乙烯＋丙烯），甲醇制烯烃产能超过410万吨/年（乙烯＋丙烯），丙烷脱氢制丙烯（PDH）的产能为575万吨/年。非传统石油路线的产能已各占国内乙烯、丙烯总产能的20%和38%左右。

2017年国内煤炭和甲醇价格大幅攀升，对于神华和中煤等拥有优质煤矿的煤化工生产企业来说，其仍拥有较明显的煤化一体化成本竞争优势，但对于其他东部或外购煤/甲醇的化工企业来讲，其成本没有优势，盈利水平明显回落。

除了盈利能力外，低油价也抑制了部分非传统石油路线项目的投资进度，部分煤/甲醇制烯烃的项目出现延期，其中处于前期的项目基本搁置；同时，受到国家政策的影响，新建/拟建项目开始出现向传统石脑油路线回归的迹象。总体来看，2017年国内非传统石油路线的产能增长显著低于2016年。而在大型炼化项目空缺两年后，2017年底中海壳牌二期的百万吨级乙烯项目建成。预计2018年，非传统路线的产能规模增长仍将继续放缓，预计国内煤制烯烃、甲醇制烯烃以及PDH将分别新增110万吨/年（双烯）、22万吨/年（双烯）和66万吨/年（丙烯）的能力，同时期国内还有350万吨/年以上的传统乙烯产能在建。

受到技术、环保及盈利性的限制，国内煤制芳烃项目落地迟缓。目前在运营的煤制芳烃项目多以生产混合芳烃为主，产品主要用于调油，其盈利能力远不如烯烃及下游产品，因此近年来煤制芳烃项目受到的关注度及投资逐渐降温，取而代之的是以浙江石化为代表的传统大型炼油—乙烯—芳烃项目的上马。

二 经济复苏、政策利好助推消费，
价格和盈利上涨

2017 年国内外经济同步复苏，受宏观政策利好影响，国内消费基础扩展，石化产品市场表现良好，多数化工产品消费增速、进口增速，价格涨幅和盈利水平均创下近年高位。其中，乙烯当量消费 4300 万吨左右，增速在 10% 以上，是 2010 年以来的次高水平；PX 表观消费 2450 万吨，增速也高达 11% 以上。

预计 2018 年，国内外市场整体形势良好，但政策红利将消退，国内消费、贸易等增速将平稳回落，化工产品的价格和利润也将回归，但整体仍将处于近年较好水平。其中，国内乙烯当量消费 4520 万吨左右，增速为 5%～6%，PX 消费 2520 万吨左右，增速回落至 3% 左右。

（一）国际经济明显复苏，民生产品表现良好

金融危机后，2017 年首次实现全球各地区经济同步复苏，外需直接拉动中国出口总额增长 8% 左右，尤其国外对于民生产品的旺盛需求直接促使中国以合成纤维及原料为代表的传统纺织品服装行业出口、消费取得较好表现。2018 年，外部市场持续复苏，受棉花供应减少和人民币汇率走软等利好因素支撑，国内合成纤维和合纤原料的消费仍将保持较快增长。

2015～2016 年，处于长期产能过剩的合成纤维产业开始加速落后产能出清，2017～2018 年，受需求回暖的驱动，合纤产品价

格及利润明显改善。而同期，合纤原料行业淘汰产能的力度明显大于下游合纤行业，在企业兼并重组、破产关停的共同作用下，合纤原料行业利润也明显改善。

2017年，合成纤维出口及消费增长6%～7%，较上年提高2～3个百分点；同年，合纤原料进口及消费增长7%～9%，较上年提高5个百分点以上，表现出供需两旺的态势。受此影响，合纤原料和合成纤维两大产业链的产品价格较上年分别大幅上涨18%和19%，合纤原料产业利润增长25%，合成纤维产业利润则由负转正，实现小幅盈利（见图3、图4）。

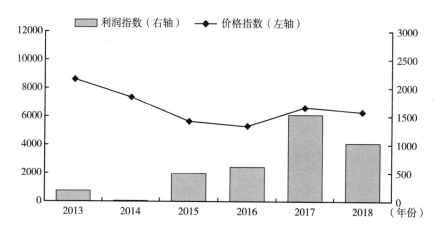

图3 合纤原料价格指数和利润指数

但因行业库存上升明显，预计2018年合成纤维及原料消费增速有所回落，而上游企业整合加快、合纤产能释放，将对市场价格形成打压，预计全年合成纤维价格将下降2%～3%，合纤原料价格整体下降4%～5%，两板块利润水平均较上年有所下降，但仍处于近年较好水平。

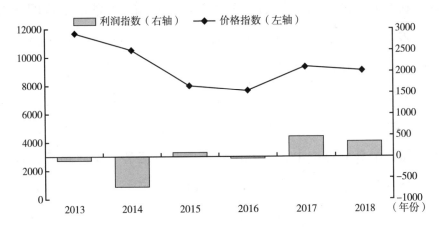

图4 合成纤维价格指数和利润指数

（二）电商扩展消费基础，"禁废令"短期利好材料消费

近年来国内电子商务和外卖平台迅猛发展，为包装材料消费持续较快增长提供了机遇。2017年我国快递量达400亿件，较上年增长28%左右；同样火爆的还有互联网餐饮外卖市场，全年市场交易额超过2000亿元，用户超3亿人，增速将达24%，外卖交易量的快速增长增加了对包装材料的消耗，餐饮外卖尤其对各类高透、薄壁、双向拉伸等合成树脂的消费拉动明显。

同时，在国内人均收入提高、消费升级的推动下，包装的精细化、定制化程度进一步提高，也有力地推动了合成树脂包装材料的发展。受此拉动，2017年国内五大合成树脂消费增速达8.3%，至8000万吨，增速较上年提高3个百分点以上，净进口更是大涨11%以上，其中聚烯烃材料消费增长8.9%。在国内消费的支撑下，合成树脂产品价格整体上涨11%，利润维持在近年来较高水平（见图5）。

2013年以来我国陆续采取加强海关进口管理、打击洋垃圾的系列行动，国内进口废塑料呈下降趋势，年均降幅为4.3%。2017年7月，国家对废旧塑料管控升级，出台"禁废令"，在2017年底前全面禁止进口环境危害大、群众反映强烈的固体废物；2019年前，逐步停止进口国内资源可以替代的固体废物。随着"禁废令"实施，减少废旧塑料进口将为原生料腾出市场空间，短期内原生料需求增长加快。2017年聚乙烯进口增幅超过20%，国内消费增速则接近10%。2018年"禁废令"依旧对原生树脂的消费产生正向的拉动作用。

预计2018年在消费增长、废料替代减少的共同作用下，国内合成树脂消费规模达8500万吨左右，增速较上年略有下降，至6%~7%，消费增长仍处于较高水平。受新增产能较多的影响，国内合成树脂价格小幅下降，整体利润小幅下降（见图5）。

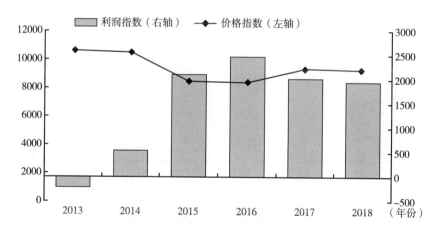

图5 合成树脂价格指数和利润指数

（三）汽车消费利好橡胶，补贴政策透支2018年增长

2017 年国内汽车销量达 2950 万辆，增速约为 5.6%，较上年下降 6 个百分点左右。受此影响，国内合成橡胶消费 477 万吨，增长 3.2%，较上年下降 4 个百分点。受期货市场及丁二烯原料价格推动，全年合成橡胶价格大涨 27%，行业盈利大涨，创近年来最好水平。

购置税政策退出刺激了提前消费，2018 年，国内汽车消费增速将大幅放缓至不足 1%，但巨大的保有汽车市场及出口改善仍将拉动轮胎需求，预计 2018 年合成橡胶需求增长仍达 4%～5%，价格开始出现回归，跌幅在 10% 左右，利润也将下滑，但仍处于近年来较好水平（见图6）。

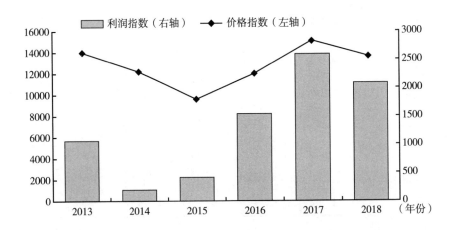

图 6　合成橡胶价格指数和利润指数

三 民营企业投资热情不减，北美原料外溢效应显现

（一）大型炼化项目集中启动，国内产能爆发式增长

受低油价带来炼化一体化项目效益大幅提升的鼓舞，地方政府积极落实国家七大石化基地建设，在原油进口配额放开的大背景下，国内大型炼化一体化项目建设重新启动。2017 年，国内宣布在建的大型炼化一体化项目已达 8 个，其中 4 个项目为民营企业主导（见表1）。

表1 国内部分主要在建炼化一体化项目

单位：万吨/年

项目	炼油	乙烯	PX
恒力石化	2000	—	450
中海油惠州二期	1000	100	85
浙江石化	2000 + 2000	140 + 140	520 + 520
盛虹炼化	1600	110	280
中化泉州	300 扩建	100	80
中科炼化	1000	80	—
古雷石化	—	80	140
华锦石化	1500	150	140

这些项目一旦如期投产，将在未来 5～10 年内形成近 900 万吨/年的乙烯能力以及 2500 万吨左右的下游衍生产品、2000 万吨/年左右的 PX 生产能力。如果考虑目前国内在建的其他非传统石油

251

路线的生产项目，国内石化行业的产能将在未来几年中迎来集中爆发式增长，并将深刻改变现在国内市场格局（见图7）。

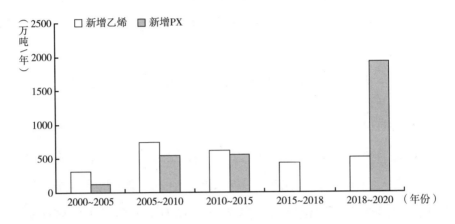

图7　国内新增乙烯和PX生产能力

（二）原料来源多元化，烯烃进入门槛降低

自2010年北美页岩气革命兴起，大量NGLs资源得以释放，并促成了北美近年来石化产业的一轮建设高潮，但即便如此，北美仍有大量富余资源亟待出口，正好满足了这一轮国内石化投资高潮中尚无原油进口资质而又想介入石化行业的投资者所需。

2017年，就在英国英力士和印度信实工业实现了乙烷跨洲贸易后不久，国内许多企业也宣布计划进口乙烷建设裂解项目。目前，项目规划较为明确的主要有泰兴新浦化学等4家生产企业，预计最早的项目将于2019年前后投产。但这一类项目风险较大，特别是物流及储运成本高昂，且未来北美乙烷价格走势不明朗，因此国内还有许多企业虽然在2017年宣布相关建设规划，但预计无实质性推进。

与此同时，国内企业不再满足于进口丙烷建设 PDH 项目，为了回避丙烯未来产能过剩带来的市场压力，烟台万华等企业计划进口丙烷进行裂解生产乙烯，预计相关项目也将于未来几年投产。

近年来，受甲醇价格高企的冲击，未来国内相关项目建设也大幅放缓。但随着北美第一轮甲醇装置投产高潮的到来，2017 年起国内从北美进口甲醇的规模显著增长，这对平抑中东装置故障带来的短期价格波动有一定帮助，也为未来国内 MTO/MTP 项目提供了具有竞争力的原料来源。

（三）芳烃发展后来居上，聚酯民企成为主力

除了上述炼化一体化项目之外，未来国内还将有 2000 万吨/年左右的 PX 建设计划。新建项目以大型民营聚酯/PTA 企业为主，如恒力石化 450 万吨/年、浙江石化 520 万吨/年分两期项目等。

此外，国内地炼企业近年计划新建大量重整装置，其中部分配套 PX 生产装置，这些项目也将在 2017 年后获得积极推进。预计到 2020 年前后，国内 PX 将形成 4000 万吨/年左右的生产能力，较目前规模翻番，国内 PX 自给率也将从目前的 40% 左右大幅提高至 70% 左右。

芳烃项目在近两年大规模获得推进的主要原因，一方面与国家和地方政府政策导向密切相关，另一方面随着国内 PX 成套技术获得突破，国外 PX 专利商开始转让技术，并积极介入国内芳烃产业发展，国内芳烃项目也因此加快、加大了推进力度。

参考文献

［1］中国石化咨询公司：《石油石化市场年度分析报告（2011）》，2011。

［2］中国石化咨询公司：《石油石化市场年度分析报告（2016）》，2016。

［3］中国石化咨询公司：《石油石化市场年度分析报告（2017）》，2017。

专题篇
Special Topics

B.16
"一带一路"地区炼油产业发展状况及合作机会分析

邹劲松　刘晓宇　罗佐县[*]

摘　要： 本报告从炼油能力发展、油品质量要求和装置结构调整3个方面分析了"一带一路"地区炼油产业的发展状况，预计2020年，"一带一路"地区总炼油能力将增长到16.66亿吨/年，炼厂的深加工能力和油品质量均存在提升空间；深度分析了该地区的油品市场前景和供需缺口，"一带一

---

[*] 邹劲松，中国石化经济技术研究院，产业发展研究所高级专家，研究方向为炼油产业国际化；刘晓宇，中国石化经济技术研究院，产业发展研究所工程师，研究方向为炼油产业国际化；罗佐县，中国石化经济技术研究院，产业发展研究所副所长，研究方向为能源经济与石油公司发展战略。

路"地区成品油供需增速较快，44 个国家存在成品油供需缺口，预计到 2020 年，印度尼西亚、巴基斯坦、菲律宾、埃及等国成品油供应缺口进一步扩大；寻找我国企业与"一带一路"地区炼油产业合作发展的机会，并提出 4 点合作建议，即优化炼油产业布局、一体化合作提升综合效益、强化投资合作的风险控制能力、"抱团出海"合作建设炼化产业园区。

关键词： "一带一路" 炼油产业 市场前景 合作发展

2013 年中国国家主席习近平提出了共建"丝绸之路经济带"和"21 世纪海上丝绸之路"的重大倡议。目前，"一带一路"地区 64 个国家（不包括中国，下同）现有人口 35.7 亿人，约占世界总人口的 49%；按照国际货币基金组织（IMF）的统计，2016 年GDP 总量约占世界经济总量的 16%，未来市场发展潜力巨大，因此深入分析"一带一路"地区炼油产业发展状况及其市场环境，探讨我国企业与"一带一路"地区炼油产业的合作机会，具有重要的现实意义。

一 "一带一路"地区炼油产业发展状况分析

（一）"一带一路"地区占世界炼油能力的比例大幅提升

"一带一路"地区炼油能力的增速远高于世界平均水平，

2000～2016 年年均增长 1.5%，同期世界炼油能力年均增长 0.9%。2000 年，"一带一路"地区的炼油能力为 11.98 亿吨/年，约占世界炼油能力的 28.5%，2016 年，该地区的炼油能力已增长到 15.25 亿吨/年，占世界炼油能力的比例已提高到 31.2%。2000 年及 2016 年"一带一路"地区炼油能力发展变化如表 1 所示。

表 1　"一带一路"地区炼油能力增长情况

单位：亿吨/年，%

地区	2000 年	2016 年	2000～2016 年年均增长率
东南亚	2.02	2.19	0.5
南亚	1.33	2.72	4.6
前苏联/蒙古	3.88	4.30	0.6
西亚/北非	3.56	4.93	2.1
中东欧	1.20	1.11	−0.4
"一带一路"沿线	11.98	15.25	1.5
世界	42.04	48.87	0.9

2000～2016 年，"一带一路"地区新增炼油能力主要来自印度（12585 万吨/年）、俄罗斯（7182 万吨/年）、沙特阿拉伯（5203 万吨/年）、伊朗（2597 万吨/年）、伊拉克（2157 万吨/年）等国。"一带一路"地区的炼油能力主要集中在少数炼油大国，2016 年，该地区前十大炼油国合计炼油能力为 11.07 亿吨/年，占"一带一路"地区总炼油能力的 73%，如图 1 所示。

预计到 2020 年"一带一路"地区将新增炼油能力 1.41 亿吨/年，总炼油能力进一步增长到 16.66 亿吨/年，占世界炼油能力的

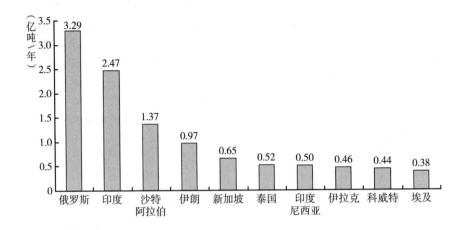

图1 2016年"一带一路"地区前十大炼油国炼油能力

比例将进一步提高到32.3%。新增炼油能力将主要来自科威特、沙特阿拉伯、印度、马来西亚、越南、伊拉克等国，2016～2020年"一带一路"地区新建炼厂项目如表2所示。

表2 "一带一路"地区新建炼厂项目

单位：万吨/年

国家	地区	炼油厂名称	炼油能力
马来西亚	Johor	Petronas	1440
越南	Nghi Son	Petro-Vietnam	930
越南	Vung Ro	Technostar	400
沙特阿拉伯	Jizan	Saudi Aramco	1875
阿曼	Sohar	Mashael Group	150
土耳其	Aliaga	SOCAR	1000
埃及	Cairo	EGPC	420
埃及	—	Tahrir Petrochemicals Co	300
科威特	Shuaiba	Kuwait National Petroleum Corp.	2121（扩建）
伊拉克	Kerbala	Iraq National Oil Co	700

（二）炼油装置结构持续调整

为适应原油品质劣质化、交通运输燃料需求增加、成品油质量升级加快的趋势，"一带一路"地区炼油产业在提高炼油能力的同时，将炼厂建设重点转移到提高原油深度加工和清洁燃料生产方面。

2000～2016 年，"一带一路"地区炼油企业以延迟焦化、催化裂化、催化重整、加氢裂化、加氢处理为主的二次加工装置能力年均增长率合计达到了 4.15%，其中延迟焦化和加氢裂化装置能力增长较快，其次是催化裂化和加氢处理。预计 2016～2020 年，该地区炼油能力的年均增速约为 2.23%，而主要二次加工装置能力的年均增长率将高达 4.94%，如表 3 所示。

表 3　主要二次加工装置能力增长率状况

单位：%

装置	2000～2016 年年均增长率	2016～2020 年年均增长率
催化裂化	4.13	3.29
延迟焦化	6.36	6.83
催化重整	2.72	4.42
加氢裂化	5.63	8.19
加氢处理	4.06	4.58
五者平均	4.15	4.94
炼油能力	1.52	2.23

2000～2016 年，"一带一路"地区主要二次加工装置占常压蒸馏能力的比例均有不同程度的提升，其中加氢处理能力提升的幅度

最大，加氢裂化次之，催化重整上升的幅度最小。预计到 2020 年，主要二次加工装置占常压蒸馏能力的比例仍将上升，其中加氢处理装置能力的提升幅度最大，如表 4 所示。

表 4　二次加工能力占常压蒸馏能力的比例变化情况

单位：%

时间	催化裂化	延迟焦化	催化重整	加氢裂化	加氢处理
2000 年	8.7	3.4	11.0	5.9	45.5
2016 年	13.1	7.1	13.3	11.1	67.5
2020 年	13.6	8.5	14.5	13.9	73.9
2016 年（世界）	21.8	10.4	14.0	11.0	74.5

2016 年，"一带一路"地区炼厂的催化重整、加氢裂化装置占常压蒸馏能力的比例基本与世界炼厂的平均水平相当；加氢处理比例存在一定的差距，2016 年世界炼厂加氢处理装置占常压蒸馏能力的比例为 74.5%，比"一带一路"地区炼厂高出 7 个百分点，这说明"一带一路"地区炼厂的油品质量升级能力仍落后于世界平均水平；2016 年世界炼厂的催化裂化、延迟焦化装置占常压蒸馏能力的比例分别为 21.8% 和 10.4%，分别比"一带一路"地区炼厂高出 8.7 个和 3.3 个百分点，这说明"一带一路"地区炼厂的深加工能力严重不足。

（三）油品质量升级速度较快

在绿色低碳形势的推动下，环保法规和汽车行业对交通运输燃料的质量要求日趋严格，"一带一路"地区的油品质量升级步伐明显加快。

1. 汽油硫含量

按照汽油硫含量划分，2006 年"一带一路"地区 35 个[①]主要国家的汽油硫含量以 500ppm 及 1000ppm 为主，分别占该地区汽油需求量的 41.1% 和 35.5%。经过 10 年的发展，2016 年，该地区已不再使用硫含量 1000ppm 以上的汽油，硫含量等于或小于 150ppm 的汽油已占地区汽油需求量的 69.5%。2006 年和 2016 年"一带一路"地区汽油硫含量变化情况如图 2 所示。

"一带一路"地区的汽油硫含量仍将持续快速下降，预计到 2020 年汽油硫含量将全部等于或小于 150ppm，其中硫含量为 10ppm 的汽油比例将达到 56%，预计 2025 年硫含量为 10ppm 汽油的比例进一步提高到 63%，如图 3 所示。

2. 柴油硫含量

按照柴油硫含量来划分，2006 年"一带一路"地区 35 个主要国家中硫含量 1000ppm 及以上的柴油居主流地位，约占该地区柴油需求量的 57%。发展到 2016 年，硫含量 1000ppm 的柴油需求量已大幅下降，约占地区需求的 4%，而硫含量 50ppm 及以下的柴油所占比例已上升到 53%。2006 年和 2016 年"一带一路"地区柴油硫含量变化情况如图 4 所示。

[①] 选择该地区 35 个主要汽、柴油消费国进行分析，所选择样本汽油需求量占"一带一路"地区总需求量的 95%，所选择样本柴油需求量占该地区总需求量的 93%。

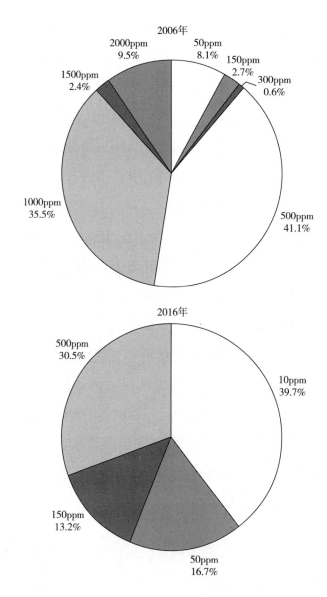

图 2　2006 年和 2016 年"一带一路"地区汽油硫含量变化情况

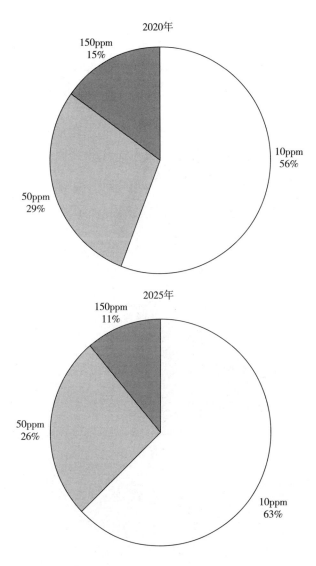

图 3 2020 年和 2025 年"一带一路"地区汽油硫含量变化情况

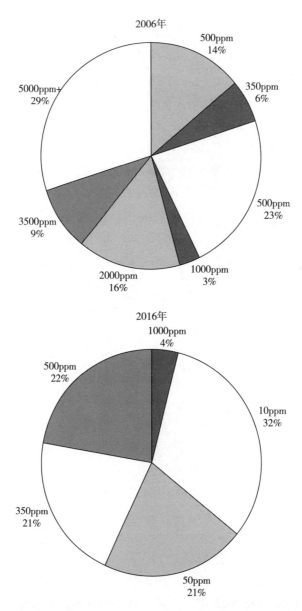

图4 2006年和2016年"一带一路"地区柴油硫含量变化情况

"一带一路"地区的柴油硫含量将持续降低，预计到2020年硫含量为10ppm的柴油将成为该地区柴油需求量的主流品种，占地区柴油需求总量的比例将上升到58%，预计2025年硫含量为10ppm柴油的比例将进一步提高到60%，如图5所示。

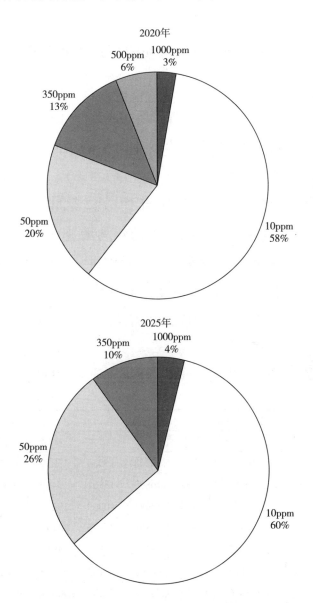

图5　2020年和2025年"一带一路"地区柴油硫含量变化情况

二 "一带一路"地区油品市场状况分析

（一）"一带一路"地区成品油供需增速较快，占全球比例上升

2000～2016年，"一带一路"地区成品油（汽、煤、柴油，下同）产量从4.91亿吨增加到2016年的8.04亿吨，年均增速达到3.1%，高于世界产量平均增长水平（1.5%）。成品油需求量从2000年的4.44亿吨增加到2016年的7.12亿吨，年均增速达到3.0%，高于同期世界成品油需求的年均增速（1.6%）。预计到2020年，"一带一路"地区成品油产量将进一步增加到9.05亿吨；成品油需求量将增长到8.26亿吨，2030年进一步增至9.68亿吨。近年来，"一带一路"地区成品油供需状况如表5所示。

表5 "一带一路"地区成品油供需状况

单位：万吨，%

地区	2000 年		2016 年		2020 年		2030 年
	产量	需求	产量	需求	产量	需求	需求
东南亚	10221	10238	13268	15550	15859	19062	21740
南亚	6483	7564	16893	13801	19400	16603	22912
前苏联/蒙古	10871	7986	17971	10929	19256	12132	13041
西亚北非	17436	14700	26868	25375	30145	28977	33206
中东欧	4105	3872	5368	5528	5812	5840	5947
"一带一路"沿线合计	49115	44359	80368	71183	90473	82613	96847
世界	214836	213330	274752	276332	290567	298527	314330
占世界的比例	22.9	20.8	29.3	25.8	31.1	27.7	30.8

随着"一带一路"地区炼油能力的增长，其成品油产量占世界总产量的比例已相应提高，从 2000 年的 22.9% 提高到 2016 年的 29.3%，2020 年将进一步提高到 31.1%；该地区成品油需求量的年均增速高于世界平均增速，占世界需求总量的比例也持续上升，已从 2000 年的 20.8% 提高到 2016 年的 25.8%，预计 2020 年将提高到 27.7%，2030 年将达到 30.8%。

"一带一路"地区的成品油呈现供应过剩状况，2000 年该地区的成品油过剩量为 0.48 亿吨，2016 年成品油过剩量已增加到 0.92 亿吨。随着该地区成品油需求的较快增长，预计 2020 年成品油过剩量将降低到 0.79 亿吨。

（二）44个国家存在成品油供需缺口

虽然"一带一路"地区成品油供应整体处于过剩状态，但主要是由俄罗斯、印度、沙特阿拉伯、新加坡、科威特等少数炼油大国所致，该地区主要的成品油供应过剩国家如表 6 所示。

表 6 "一带一路"地区主要成品油供应过剩国家的过剩量

单位：万吨

国家	2000 年	2016 年	2020 年
俄罗斯	2795	7034	6910
印度	-75	4661	4903
沙特阿拉伯	1584	2342	2715
新加坡	1645	1921	896
科威特	1584	1366	1125
白俄罗斯	263	866	849
阿联酋	96	626	-69
泰国	293	562	239

2016 年，"一带一路"地区 44 个国家的成品油需求量超过产量，或多或少需要依靠进口来弥补供需缺口。成品油供需缺口较大的国家主要集中在东南亚和西亚/北非地区。其中，印度尼西亚的缺口最大，2016 年该国成品油消费量的 40% 依靠进口，净进口量高达 2108 万吨；其次依次是埃及、伊拉克、土耳其和菲律宾等国，供需缺口分别为 969 万吨、836 万吨、809 万吨和 807 万吨（见图 6）。

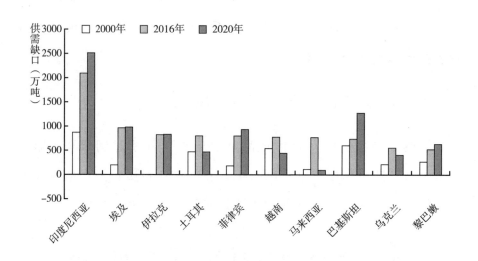

图 6 "一带一路"地区成品油供应缺口较大的国家

到 2020 年，印度尼西亚、巴基斯坦、菲律宾、埃及等国成品油供应缺口将进一步扩大，而马来西亚、越南、伊拉克、土耳其等国供需缺口将有所下降。

三 我国企业与"一带一路"地区炼油产业合作机会分析

（一）"一带一路"沿线国家的战略诉求是推动合作的动力

"一带一路"沿线油气资源国积极发展炼油工业以实现多元化发展。"一带一路"沿线的油气资源国（如沙特、伊朗等国），为了摆脱过度依赖单一石油出口对国民经济的支撑，强调发展多元化经济，特别是发展炼油工业，吸引外国资本和技术，为我国炼化企业在当地开展炼化工程、炼化技术出口提供了合作机遇。

发展中经济体发展炼油工业以满足国内需求。"一带一路"沿线地区的人口大国（如印度、印尼、巴基斯坦等）正处于工业化进程之中。随着其国内油品需求的快速增长，为了发展本国拥有比较优势的制造业，这些国家亟须扩大炼油和石化工业规模，保障其国内成品油的供应。

（二）资源和市场优势是合作的经济保障和利润纽带

"一带一路"地区油气资源丰富，资源优势明显。"一带一路"地区原油供需分别约占世界总量的1/2和1/3。原油净出口量超过1亿吨的国家达5个，依次是沙特阿拉伯、俄罗斯、伊拉克、阿联酋和科威特。"一带一路"地区天然气产量约占世界总量的50%，天然气需求约占世界总量的42%。该地区天然气净出口量约3000亿立方米，主要净出口国是俄罗斯、卡塔尔、马来西亚、土库曼斯

坦、印度尼西亚等国。在油气资源丰富的地区合资合作建设炼厂，确保原油资源的长期稳定供应，不但可以保证炼厂最适宜的开工负荷，同时也可在炼厂初始设计、建设和操作过程中，选择最优操作条件，获取最佳合作效益。

部分"一带一路"国家市场潜力较大，炼油产业合作前景广阔。2016 年，"一带一路"地区 44 个国家存在成品油供需缺口，其中 10 个国家的成品油供需缺口超过 500 万吨。成品油供需缺口的存在不但有利于提升我国企业的油品贸易规模，而且将推动当地炼油产业的发展，为各方带来更多的投资合作机会，同时为炼化工程服务创造发展空间。2016~2020 年，"一带一路"地区将新增炼油能力 1.4 亿吨/年，约需投资 700 亿美元；预计 2020~2030 年，为满足该地区炼化产品需求增长及出口要求（假设净出口量维持 2020 年的水平），该地区将新增炼油能力 2.4 亿吨/年，约需投资 1200 亿美元。

四　合作建议

（一）优化炼油产业布局

发挥国内炼油企业的比较优势及"一带一路"沿线国家的资源或市场优势，秉着合作共赢的原则，在"一带一路"沿线国家打造以下合作基地：优化产业布局，即按照"资源、工程、融资"或"资源、加工、销售"等模式重点推进油气资源合作区的建设；统筹"一带一路"油气资源的供应渠道，在资源供应优势明显或市场潜力较大的国家建设炼化工业园区；在油品贸易量大或贸易枢纽地区建设贸易仓储基地；在未来新增炼油能力较大、扩能改造需求较多的国家建设工程技术服务基地。根据"一带一路"地区油气资源的来源渠道，改扩建国内炼油产业基地，优化国内产业布局。

（二）一体化合作提升综合效益

体现国内企业的上、中、下游一体化优势，统筹投资项目的资源、市场等因素，全面评估投资项目的总体综合效益；投资合作项目需与炼油技术、工程建设、运行管理一体化"走出去"，发挥自身比较优势，加强国际合作，形成最佳战略方案；统筹考虑投资合作项目与石油产品的贸易、营销关系，进一步提升国内企业的国际市场运作能力，提高整体盈利能力。

（三）强化投资合作的风险控制能力

"一带一路"地区的投资合作面临着地缘政治、资源、市场、安全、法律等多种风险，因此应把风险控制放在第一位。建立重大项目的前期评估评价机制，加强对国际石油石化行业宏观走势的分析研判，加强对项目所在国的投资环境、政治风险的跟踪监测和形势预判，提高预测精准度，做好重大境外投资项目的可行性研究工作。建立投资项目建设和运营后的风险评价机制，开展重大投资项目的中期评估和后期评价工作。建立高效常态化的境外投资预警机制，防范投资风险等。

（四）"抱团出海"合作建设炼化产业园区

"一带一路"作为国家倡议，其沿线国家将发展成为我国企业"建立产业联盟，建设产业园区"的重点地区。国内炼油企业需发挥炼油投资项目产业关联度高、带动力强的优势，在具有资源优势、市场发展潜力大，且投资环境较好的沿线国家建设炼化产业园区，推动上下游相关企业"抱团出海"，积极带动成套装备、材料、技术、标准和服务等"走出去"，推动国际化经营向中高端发展。加强上下游产业间的联盟合作，相互促进境外业务的发展，相关产业的发展也将推动国内炼油企业在"一带一路"地区"走出去"的步伐加快。

社会科学文献出版社 皮书系列

❖ 皮书起源 ❖

"皮书"起源于十七、十八世纪的英国，主要指官方或社会组织正式发表的重要文件或报告，多以"白皮书"命名。在中国，"皮书"这一概念被社会广泛接受，并被成功运作、发展成为一种全新的出版形态，则源于中国社会科学院社会科学文献出版社。

❖ 皮书定义 ❖

皮书是对中国与世界发展状况和热点问题进行年度监测，以专业的角度、专家的视野和实证研究方法，针对某一领域或区域现状与发展态势展开分析和预测，具备原创性、实证性、专业性、连续性、前沿性、时效性等特点的公开出版物，由一系列权威研究报告组成。

❖ 皮书作者 ❖

皮书系列的作者以中国社会科学院、著名高校、地方社会科学院的研究人员为主，多为国内一流研究机构的权威专家学者，他们的看法和观点代表了学界对中国与世界的现实和未来最高水平的解读与分析。

❖ 皮书荣誉 ❖

皮书系列已成为社会科学文献出版社的著名图书品牌和中国社会科学院的知名学术品牌。2016年，皮书系列正式列入"十三五"国家重点出版规划项目；2013~2018年，重点皮书列入中国社会科学院承担的国家哲学社会科学创新工程项目；2018年，59种院外皮书使用"中国社会科学院创新工程学术出版项目"标识。

权威报告·一手数据·特色资源

皮书数据库
ANNUAL REPORT(YEARBOOK)
DATABASE

当代中国经济与社会发展高端智库平台

所获荣誉

- 2016年，入选"'十三五'国家重点电子出版物出版规划骨干工程"
- 2015年，荣获"搜索中国正能量 点赞2015""创新中国科技创新奖"
- 2013年，荣获"中国出版政府奖·网络出版物奖"提名奖
- 连续多年荣获中国数字出版博览会"数字出版·优秀品牌"奖

成为会员

通过网址www.pishu.com.cn或使用手机扫描二维码进入皮书数据库网站，进行手机号码验证或邮箱验证即可成为皮书数据库会员（建议通过手机号码快速验证注册）。

会员福利

- 使用手机号码首次注册的会员，账号自动充值100元体验金，可直接购买和查看数据库内容（仅限使用手机号码快速注册）。
- 已注册用户购书后可免费获赠100元皮书数据库充值卡。刮开充值卡涂层获取充值密码，登录并进入"会员中心"—"在线充值"—"充值卡充值"，充值成功后即可购买和查看数据库内容。

社会科学文献出版社 皮书系列
SOCIAL SCIENCES ACADEMIC PRESS (CHINA)
卡号：461366437783
密码：

数据库服务热线：400-008-6695
数据库服务QQ：2475522410
数据库服务邮箱：database@ssap.cn
图书销售热线：010-59367070/7028
图书服务QQ：1265056568
图书服务邮箱：duzhe@ssap.cn

S 基本子库
SUB DATABASE

中国社会发展数据库（下设 12 个子库）

全面整合国内外中国社会发展研究成果，汇聚独家统计数据、深度分析报告，涉及社会、人口、政治、教育、法律等 12 个领域，为了解中国社会发展动态、跟踪社会核心热点、分析社会发展趋势提供一站式资源搜索和数据分析与挖掘服务。

中国经济发展数据库（下设 12 个子库）

基于"皮书系列"中涉及中国经济发展的研究资料构建，内容涵盖宏观经济、农业经济、工业经济、产业经济等 12 个重点经济领域，为实时掌控经济运行态势、把握经济发展规律、洞察经济形势、进行经济决策提供参考和依据。

中国行业发展数据库（下设 17 个子库）

以中国国民经济行业分类为依据，覆盖金融业、旅游、医疗卫生、交通运输、能源矿产等 100 多个行业，跟踪分析国民经济相关行业市场运行状况和政策导向，汇集行业发展前沿资讯，为投资、从业及各种经济决策提供理论基础和实践指导。

中国区域发展数据库（下设 6 个子库）

对中国特定区域内的经济、社会、文化等领域现状与发展情况进行深度分析和预测，研究层级至县及县以下行政区，涉及地区、区域经济体、城市、农村等不同维度。为地方经济社会宏观态势研究、发展经验研究、案例分析提供数据服务。

中国文化传媒数据库（下设 18 个子库）

汇聚文化传媒领域专家观点、热点资讯，梳理国内外中国文化发展相关学术研究成果、一手统计数据，涵盖文化产业、新闻传播、电影娱乐、文学艺术、群众文化等 18 个重点研究领域。为文化传媒研究提供相关数据、研究报告和综合分析服务。

世界经济与国际关系数据库（下设 6 个子库）

立足"皮书系列"世界经济、国际关系相关学术资源，整合世界经济、国际政治、世界文化与科技、全球性问题、国际组织与国际法、区域研究 6 大领域研究成果，为世界经济与国际关系研究提供全方位数据分析，为决策和形势研判提供参考。

法律声明

　　“皮书系列”（含蓝皮书、绿皮书、黄皮书）之品牌由社会科学文献出版社最早使用并持续至今，现已被中国图书市场所熟知。“皮书系列”的相关商标已在中华人民共和国国家工商行政管理总局商标局注册，如LOGO（ ）、皮书、Pishu、经济蓝皮书、社会蓝皮书等。“皮书系列”图书的注册商标专用权及封面设计、版式设计的著作权均为社会科学文献出版社所有。未经社会科学文献出版社书面授权许可，任何使用与“皮书系列”图书注册商标、封面设计、版式设计相同或者近似的文字、图形或其组合的行为均系侵权行为。

　　经作者授权，本书的专有出版权及信息网络传播权等为社会科学文献出版社享有。未经社会科学文献出版社书面授权许可，任何就本书内容的复制、发行或以数字形式进行网络传播的行为均系侵权行为。

　　社会科学文献出版社将通过法律途径追究上述侵权行为的法律责任，维护自身合法权益。

　　欢迎社会各界人士对侵犯社会科学文献出版社上述权利的侵权行为进行举报。电话：010-59367121，电子邮箱：fawubu@ssap.cn。

社会科学文献出版社